Helmuth Dippner aka Karl Tischendörfer
Gesamtwerk
Band 2: Gedichte

Helmuth Dippner

aka

Karl Tischendörfer

Gesamtwerk

Band 2: Gedichte

Herausgeber: Dr. Joachim W. Dippner

Impressum

Bibliografische Information der Deutschen Nationalbibliothek: Die Deutsche Nationalbibliothek verzeichnet diese Publikation in der Deutschen Nationalbibliografie; detaillierte bibliografische Daten sind im Internet über http://dnb.dnb.de abrufbar.

Die automatisierte Analyse des Werkes, um daraus Informationen insbesondere über Muster, Trends und Korrelationen gemäß §44b UrhG („Text und Data Mining") zu gewinnen, ist untersagt.

© 2025 Dr. Joachim W. Dippner

Lektorat: Dr. Joachim W. Dippner
Korrektorat: Dr. Joachim W. Dippner

Titelillustration: Sonja Danowski

Verlag: BoD · Books on Demand GmbH, Überseering 33, 22297 Hamburg, bod@bod.de

Druck: Libri Plureos GmbH, Friedensallee 273, 22763 Hamburg

ISBN: 978-3-8192-0754-9

Inhaltsverzeichnis

III

XVI

Anmerkungen des Herausgebers

Am 27. März 2018, seinem 93. Geburtstag, nahm mich mein Vater auf die Seite. „Junge“, sagte er, „ich habe in meinem Leben so viel geschrieben, ich habe beschlossen aufzuhören. Ich fühle mich leer und habe nichts mehr zu sagen. Außerdem habe ich in meinem Alter keine Lust mehr, mich mit den jungen Schnöseln von Lektoren herum zuärgern. Denen geht es nur ums Geld und nicht um Sprache. Wenn du willst, kannst du alles von mir haben und dich selbst mit dieser Mischpoke rumärgern.“ Ich war so unvorsichtig, ja zu sagen, denn ich wusste nicht, was mich erwartete. Es war ein Schrank voll mit Manuskripten von Kurzgeschichten, Theaterstücken und sehr vielen Gedichten, gefühlt eine halbe Tonne Papier. Seinen 94. Geburtstag wollte er nicht feiern. „94 ist kein Grund zu feiern, nächstes Jahr, wenn ich 95 werde, feiern wir wieder mal im großen Stil“, waren seine Worte. Diesen Geburtstag sollte er nicht mehr erleben. Am 10. Januar 2020 verstarb mein Vater, Helmuth Dippner.

Ich stand vor einem Berg Papier und vor einem Problem: Mein Vater hatte nie in seinem Berufsleben einen Computer oder ein Textverarbeitungssystem benutzt. Alles was er geschrieben hatte, schrieb er auf seiner Schreibmaschine. Um diese Texte in einen prozessierbaren Zustand zu versetzen, habe ich während der Jahre 2018–2024, der Coronazeit und der heißen Sommer, alles gescannt, formatiert, editiert etc. Während des Korrekturlesens kam ich den Texten näher und je mehr ich las, desto mehr kam ich zu der festen Überzeugung, dass ich eigentlich sehr wenig über meinen Vater wusste. Ich hatte mir immer das Gegenteil eingebildet. Aus diesem Grund fühlte ich mich auch ziemlich befangen, ein Vorwort mit einer Würdigung zu schreiben. Deshalb habe ich einen Freund der Familie, Pfarrer Markus Geißendörfer, der auch meinen Vater beerdigt hat, gebeten, mir die Trauerrede als Vorwort zur Verfügung zu stellen. Dafür danke ich Markus.

Ein Schlüssel zu seinem Werk war ein kleines fragmentarisches Tagebuch, das ich zufällig auf der Suche nach dem Familienstammbuch fand. Es war ein Geschenk seiner Mutter zur Konfirmation am 2.4.1939. Der erste Eintrag ist vom 4.4.1939 und der letzte vom 17.9.1946. Dieses Tagebuch deckt sowohl die Zeit seiner Pubertät als auch die Zeit des zweiten Weltkrieges ab.

Die erste Erkenntnis aus diesem fragmentarischen Tagebuch war, dass er schon im Alter von 14 Jahren wusste, dass er Schriftsteller werden wollte. Der zweite bemerkenswerte Aspekt war seine beeindruckende, unverdrossene Hartnäckigkeit. Zwischen 1939 und 1944 reichte er 14 Theaterstücke und Erzählungen ein, deren Veröffentlichung alle abgelehnt wurde. Dies entmutigte ihn nicht, sondern spornte ihn an, weiter zu machen. Die Themen, die er behandelte, lassen sich anhand der kurzen Darstellungen einteilen in Fernweh und Heimweh, Liebe und Treue sowie Pflichtbewusstsein oder nordisches Heldentum. Personen, mit denen er sich beschäftigte, waren Vercingetorix, die Staufer oder Graf Götzen. Von diesen sehr frühen Werken ist nichts erhalten.

Der dritte und interessanteste Punkt war zu lernen, was er dachte und fühlte und was ihn im jugendlichen Alter prägte. Es sind dies drei Dinge, das Christentum, dem er in diesem Alter besonders kritisch gegenüber stand, die NS Propaganda eines Hans Friedrich Blunck, der in der Zeit des Nationalsozialismus verschiedene kulturpolitische Positionen unter anderem die des ersten Präsidenten der Reichsschrifttumskammer inne hatte, und vor allem aber die Romantik des 19. Jahrhunderts wie z.B. die Rheinsagen von Wilhelm Ruland.

Nach Sichtung des gesamten Materials war es nahe liegend, das Gesamtwerk in die drei Bände Erzählungen, Gedichte und Theaterstücke zu unterteilen. Der Band Erzählungen ist historisch nicht sortiert, da mein Vater sehr selten Angaben zur Datierung gemacht hat. Die Geschichte „Ersatz", die 1945 im Zeitfenster zwischen Kapitulation und Jahresende spielt, ist sein letztes Werk und seine längste Erzählung.

Nach dem Notabitur 1944 wurde er sofort zur Wehrmacht einberufen und war in den Niederlanden und in Italien bei der Artillerie an der Front. Trotz öfteren Nachbohrens war er nicht bereit, über den Krieg und seine Erfahrungen zu erzählen. Die Erzählung „Pontecorvo" lässt ansatzweise vermuten, welche traumatischen Erlebnisse dazu führten, nicht über den Krieg sprechen zu wollen.

In einigen Erzählungen und Theaterstücken kommt die Figur eines Landstreichers oder Hausierers vor. Für ihn waren Landstreicher aus einer verklärten Romantik heraus der Inbegriff von absoluter Freiheit. Er begegnete zeitlebens diesen Menschen mit höchstem Respekt.

Beim Band „Gedichte" war eine grobe zeitliche Zuordnung etwas einfacher, da aufgrund des Pseudonyms Karl Tischendörfer eine Dreiteilung möglich war. Deshalb ist dieser Band unterteilt in die Kapitel „Der frühe Helmuth Dippner", „Das Werk Karl Tischendörfers" und „Der späte Helmuth Dippner". Er legte sich das Pseudonym zu, als er als Journalist den Arbeitgeber wechselte und vom „Main Echo" zur „Frankfurter Rundschau" ging. Auf meine Frage, „Warum das Pseudonym?" war seine Antwort, er möchte den Journalisten der Frankfurter Rundschau vom Literaten trennen.

Aus dieser Zeit stammt auch ein Briefwechsel mit Karl Krolow aus Darmstadt, der ihn ermutigte, weiter zu schreiben. Eine weitere zeitliche

Zuordnung war im frühen Helmuth Dippner möglich aufgrund des benutzten Papiers, das in der Nachkriegszeit rar war. Mein Vater schrieb deshalb auf alles, was ihm in die Finger kam. Ein handschriftliches Gedicht war auf der Rückseite eines DIN A5 Formblattes des Sozialgerichts Landshut geschrieben.

Der Umzug von Landshut nach Aschaffenburg änderte auch seine Landschaftsbeschreibungen, ein weiteres Hilfsmittel der zeitlichen Zuordnung. Ich lernte beim Lesen das mir bis dahin unbekannte Versmass der Terzinen kennen und war beeindruckt, zu sehen, dass er auch in jungen Jahren Sonette schrieb, bis er schließlich seine ihm eigene Bildsprache entwickelte, zu der vermutlich auch der enge Kontakt mit der Künstlerszene in Aschaffenburg und die Freundschaften mit Siegfried Rischar und Joachim Schmidt beigetragen haben.

Mein Vater liebte die Kunst, egal ob Musik, Literatur, Malerei oder Theater. Er war ein großer Freund des Boulevardtheaters, in das er gern mit der Familie ging, soweit es seine Zeit erlaubte. Seine Theaterstücke lassen sich ebenfalls kaum zeitlich zuordnen. Das älteste Stück „Der vierte Mann am Tisch" ließ sich anhand der Papierqualität zuordnen. Vom Stück „Zur letzten Station" gibt es drei verschiedene Schlussszenen. Hier ist dank einer zufälligen Datierung die letzte Version abgedruckt.

Ich wünsche allen Lesern viel Freude am Werk eines der letzten Romantiker.

Rostock 2025

Dr. Joachim Dippner

Statt eines Vorwortes

Liebe Trauergesellschaft,

Liebe Inge, lieber Joachim,

ich erinnere mich noch gut, als er sich mir vor 27 Jahren vorstellte, damals war er gerade drei Jahre im Ruhestand und er nannte mir gleich die gesamte Biographie: Sein Kommen aus dem Rheinland, seine erste Stelle in Landshut bei der „Isar Post", dann „Main Echo" mit dem mühsamen Umzug hier her nach Aschaffenburg und nächtlichen Ankunft, wie es damals noch war, in der zerstörten Stadt der Kleiderfabrikanten, dann die Chance bei der Frankfurter Rundschau, verantwortlich für die Seiten 1 und 2. Als Abschluss seiner Laufbahn sei bei der kassenärztlichen Vereinigung gewesen und, weil er nie die Chance hatte zu studieren, macht er eben jetzt Geschichte im ich weiß nicht wievielten Semester. Dann kannte er alle Künstler Aschaffenburgs und Ihre Geschichten, seine Frankreichfahrten, konnte innerhalb seiner Reiseerzählungen immer gleich die Literatur nennen, die genau diese Landschaft beschrieben hatte und die regionalen Färbungen der entsprechenden Fremdsprache präsentieren. Er überfuhr einen mit seinem Wissen, mit seinem Auftreten, mit seiner Sprachgewalt und seinem Humor. Die Show war perfekt. Aber auch anstrengend. Nie langweilig und er wiederholte sich dabei nicht. Ihre Mutter stand oft daneben und man hatte oft den Eindruck, dass sie ihn einbremsen musste in seinem überschäumenden Wesen und Wissen, das er nie vernachlässigte und immer und immer anreicherte. Ob es Medizin war und man lernte von ihm Fachbegriffe. Seine Diagnosen waren so berichtet, dass eine längere Übersetzungsarbeit notwendig wurde. Seine Referieren über Reformationsgeschichte ließen jeden Theologen alt aussehen. Dann wieder Rilke und Brecht und dann sein eigenes schriftstellerisches Arbeiten, vor allem kleinere Gedichtbände. Helmuth Dippner war ein Vulkan von Worten. Ich fand das immer sehr amüsant und dabei sehr bereichernd. So werde ich ihn auch in Erinnerung behalten.

Er stellte seine Sprache anderen zur Verfügung: Künstlern, dem Diakonischen Werk, dem Bildungswerk. Er war ehrenamtliches viel unterwegs und die Solidarität mit der Christuskirchengemeinde begleitete ihn, für die er viele Jahre ein streitbarer und kompetenter Kirchenvorsteher war. Er war immer ein überzeugter Protestant. Die Betonung lag auf Protestant. Und die Sprache war seine Art, sich zu zeigen, so ordnen und Dinge voranzutreiben und zu korrigieren. Seine Art, knapp Worte zu setzten, sie zu konzentrieren, vom allgemeinen Plauderton bis in die lyrische Verknappung. Helmuth Dippner war ein Mensch der Sprache, er verschrieb sich ihr. Und: Er hatte einen wunderbaren sarkastischen und etwas arroganten Witz. Das war manchmal sehr wohltuend.

Sprache ist bekanntlich ein Mittel der Kommunikation. Was steckte hinter seiner Freude und Lust an der Sprache?

Sicher, das Wissen, dass er das konnte. Er konnte vier Fremdsprachen. Seine Ausdrucksweise war sicher in den Sätzen, in den Begriffen und wusste, wie man auf den Punkt kam. Man musste ihm nicht immer Recht geben, weiß Gott nicht, aber man wusste immer, was er sagen wollte.

Sicher war es die Suche nach Anerkennung. Er litt immer darunter, dass er nicht studieren konnte. Seine Mutter wollte nach dem Krieg die Kosten nicht aufbringen. Deshalb war er sehr stolz und vielleicht auch mit sich innerlich versöhnt, als er im Ruhestand einen Magister machen konnte. Damit erfüllte er sich einen großen Wunsch. Vielleicht stand hinter diesem Verlangen die Angst, doch nicht mit wirklichem Wissen aufwarten zu können. Das war natürlich überflüssig.

Sicher aber verbarg sich dahinter eine intensive Suche nach Wahrheit und ganz gewiss suchte er nach Nähe. Vielleicht war die Tragik seines

Lebens, dass man das nicht gleichzeitig haben kann oder nicht gleichzeitig von jedem, so ließ sein Wesen immer eine Einsamkeit spüren, aus der man ihn auch nicht herausholen konnte. Zu sehr schlugen dieses beiden Herzen in seiner Brust, die Absicht, bewundert zu werden und die Suche nach Vertrautheit. Letztlich ist es die Idee, asymmetrische Beziehungen und partnerschaftliche gleichzeitig zu haben. Er konnte nicht von einen oder anderen Abschied nehmen um seine innere Einsamkeit zu überwinden.

Vieles seines Lebens ist aus der Nachkriegsgeneration verständlich. Man brauchte unbelastete Menschen, die sehr schnell Verantwortung übernehmen mussten. Umgekehrt muss man auch sagen, hat er in seinem Leben Positionen erreicht, die heute mit dieser Voraussetzung überhaupt nicht mehr denkbar wären. Er hatte wache Ohren und Augen und wusste dann, wann sich die Gelegenheit ergab, etwas Neues zu erreichen. Deshalb hat der Beruf des Journalisten sehr zu seinem Wesen gepasst.

Und: Er wollte leben. Ja, das ist vielleicht sein Motto gewesen. Er heiratete, Ilse Walschus, die aus Schlesien kam und in Landshut neu anfangen musste und mit Helmuth Dippner ihr Schicksal, in der Fremde zu sein, teilte. Beide gründeten eine Familie. Joachim und Inge wurden noch in Landshut geboren. Die Großmutter wohnte in der Wohnung dabei. Helmuth Dippner brauchte eine gewisse Geschwindigkeit und war immer unterwegs. Auch das gehörte zu ihm. Viele Reisen wurden unternommen und unzählige Bekanntschaften und Freundschaften geknüpft, das Ehepaar war bekannt in der Stadt.

Und noch etwas anderes dürfen wir nicht vergessen. Er war sehr gläubig. Sicher auf seine Art, sicher mit allen Fragen eines aufgeklärten Menschen und mit der dazu gehörende Neugierde, und deshalb liegt es nahe gerade einen Satz aus dem Kolosserbrief seiner Beerdigungspredigt zu Grunde zu legen:

Der Briefschreiber wendet sich an die Gemeinde in der heutigen Türkei:

„Ich wollte euch nämlich wissen lassen, welchen Kampf ich um Euch führe und um die in Laodizea und um alle, die mich nicht von Angesicht gesehen haben, damit ihre Herzen gestärkt und zusammengefügt werden in der Liebe und allem Reichtum an Gewissheit und Verständnis, zu erkennen das Geheimnis Gottes, das Christus ist, in welchen verborgen liegen alle Schätze der Weisheit und der Erkenntnis.“

Wahrscheinlich ein Schüler des Paulus und Helfer schreibt diesen Brief um die Herzen der Menschen in Kolosä zu stärken und die Liebe, damit sie das Geheimnis Gottes erkennen. Es ist Christus, in ihm liegen alle Schätze der Weisheit und der Erkenntnis verborgen. So der Brief, der in einer (für uns nicht mehr so tröstlichen) geschwisterlich, betulichen Sprache verfasst ist. Jetzt kann man fragen: „Was ist Christus“, in dem alle Schätze der Weisheit und Erkenntnis verborgen sind? Und an der Stelle halte ich jetzt inne, denn ich frage mich, ob Helmuth Dippner dieses Frage gestellt hätte oder er aus Respekt vor einer religiösen Erfahrung davor zurück geschreckt hätte. An der Stelle hatte er einen sehr weichen gläubigen Kern, und ein hohes Maß an zerbrechlicher Sensibilität. Aber er hat immer die Überzeugung ausgestrahlt, dass er eine tiefe Gottesbeziehung gelebt hat. Diese ist mit dem Symbol „Christus“ ausgedrückt, und dazu gehört für auch, dass die Geheimnisse auch im Leiden zu finden sind.

Im Leiden wurde bei ihm das nachgängige Entsetzen über die Herrschaft der NS ausgedrückt und diese Geschichte war ein Zugang zur Religion. Leiden und Gottesnähe gehörten zusammen, das konnte man an den vielen Gesprächen mit ihm heraushören. Umgekehrt macht ein solches Empfinden wiederum anderes verständlich, wie seine Verletzlichkeit, seine Spontaneität, seine künstlerischen Ambitionen und seine Unberechenbarkeit und seine soziale Ader. Immer wieder bekamen wir den Eindruck, dass er Menschen suchte, denen er helfen konnte. Aber er war öfters von Ideen geleitet war, die in die Irre führten und die eigentlichen Aufgaben aus dem Blick verlor.

In den letzten Jahren verabschiedete er sich zusehend von seinen Mitmenschen, man erlebte wache und verdunkelte Stunden mit ihm. Er ist sehr alt geworden, sehr alt und eigentlich hätte er, bei seiner gesundheitlichen Vorgeschichte und (wir erinnern uns alle, an den Unfall mit dem Linienbus) Malaisen, die ihm widerfuhren, nicht so alt werden dürfen. Aber der, der uns das Leben begreifen lässt, hat ihn viel erleben lassen und hat ihm seinen Willen zum Leben reichlich bedient.

Wir müssen uns verabschieden, ihn hergeben, uns um das kümmern, was er hinterlassen hat, und darum kümmern, was er **in** ihnen und **in** uns hinterlassen hat. Zum Abschiednehmen gehört auch immer das Verzeihen, sonst können wir nicht loslassen. Er war anregend und belebend, er zog manchmal Gedanken und Bahnen, die wir nicht so wirklich verstanden. Wir haben ihm viel zu verdanken. Er wollte leben, er hat andere leben lassen und er hat gelebt. Wir sollten seinem Motto folgen. Amen.

Aschaffenburg 20.1.2020
Pfarrer Markus Geißendörfer

Der frühe Helmuth Dippner

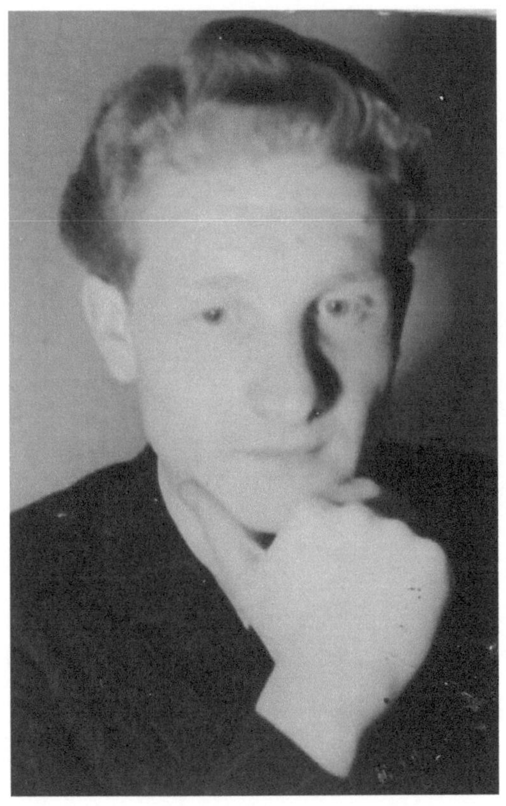

Foto aus dem Jahr 1948

In anderen Sprachen

Augenmagnet Inserat:

"Wollen Sie

in anderen Sprachen reden?"

Ich spiele mit.

Was kommt in Frage?

Nicht koreanisch,

Urdu oder Kisuaheli.

Nicht unschuldig genug.

Vielleicht füchsisch

oder häsisch.

Schwarzwälder Igel-Dialekte?

Falkisch scheint guttural,

täubisch so weich

wie mit Kreide poliert.

Ich pfeife die spielenden

Hunde der Fantasie

zurück in den Zwinger:

Gesucht wird

ein nützlicher Mann

mit verwertbaren Gaben,

der mit Computern kybernetisch redet.

Das Bleibende

Die Häuser, die du baust: sie sind verfallen,

noch eh sie deiner Enkel Fuß betritt.

Die Wälder, die du pflanzt: sie gleichen Hallen,

in denen friert des späten Wanderers Schritt.

Die Sterne, die du liebst: sie müssen schwinden.

Ein neuer Morgen fegt den Himmel leer.

Du wirst im Spiegel dein Gesicht nicht finden

und deiner Glieder festen Bau nicht mehr.

Doch wirkt ein Bleibendes in allen Dingen

wie Klang im Kerne einer Glocke wohnt.

Das altert nicht mit seinen Jahresringen

und bleibt vor Feuer und vor Sturm verschont.

Hineingeboren in der Welt erkalten,

ein formenträchtig Wechselspiel der Zeit,

aus Maß und Überfluss hält es Gestalten

und Verse bis zum Jüngsten Tag bereit.

1.9. 55

Geleit

Die durch das Dunkel zogen,

scheuen noch das Licht.

Die auf dem Sande bauten,

jag vom Hofe nicht.

Die an die Stürme glaubten,

macht die Stille bang.

Die bei Kanonen schliefen,

ängstigt der Gesang.

Die des Gewands Beraubten

schreien nach dem Kleid.

Die in die Irre gingen,

brauchen dein Geleit.

22. 8. 55

Erwachen

Lass auf kristallenen Inseln

der Frühe

Traumgepäck, formlose Qual.

Fischblitz zittert,

silberner Pfeil.

Raunendes Wasser

schickt Wellenboten:

Abgründig Losungswort.

Uraltes Väterwort,

schwer wie von Wein

oder von Schatten der Tiefe.

Strandnahes Warten,

Lauschen

in die entzückte Kühle.

Ankert kein Nachen?

Spannt keine Brücke sich?

Fessel der Knechte.

Traue dem Wort,

Botschaft der Väter.

Gib deinen Leib

ganz den lockenden,

ruhlosen Wellen.

1.9.55

Weg zwischen Gärten

Sonnenblumen halten Wache,

starr mit offenem Gesicht.

Silberdistel tausendfache

Wunde frechem Räuber sticht.

Heckenrosen. Brech ich eine?

Ach, ihr schöner Schmelz verglüht.

Oder wähl ich eine kleine,

Namenlose, die da blüht?

Lilien, ihr mit dem Schwerte,

gelb und purpurrot entbrannt,

Weiß ich, ob ich mir versehrte

nicht beim raschen Griff die Hand?

Rote Nelken, Feuerscheiben,

faltenleicht geschmücktes Kleid,

Eure starken Düfte bleiben

nach der Blüte kurzer Zeit.

Nelken wähl ich, farbenzarte,

pflück ich eilig, Paar um Paar.-

Schau sie kommt, die ich erwarte,

weiße Nelke selbst im Haar.

2.9.55

Regenfahrt im Bayerischen Wald

Über die Windschutzscheibe

gläserner Regen zieht.

Wischer, sie huschen, wischen,

Lehmbraune Strasse flieht

vor dem Motorengrollen

eilig in dunklen Tann.

Wind fährt durch steile Stämme,

fasst ihre Köpfe an.

Rüttelt. Die Tropfen fallen

rauschend aus Haar und Bart.

Zottige Urgesellen,

Faunsvolk vergessener Art.

Schlieren sind auf der Scheibe,

drüber der Finger geht. -

Hinter der lehmigen Strasse

Nebel und Märchen steht.

2.9.55

Das Gewitter

Schwere Wolke, tief gestaffelt,

schiefergrau,

schiebt sich vorwärts, sieh, wie sachte!

Frisst das Blau.

Alle Leuchtkraft weggenommen

aus dem Licht.

Träge hängt es zwischen Mauern,

leuchtet nicht.

Fegt ein Windstoß in die Wipfel,

greller Pfiff,

Grünes, Wogen, Wirbeln, Quirlen,

wilder Griff.

Zuckt ein Blitz aus Wolkenfalten

wie er gleißt!

Hexensprung und Donnerrollen,

Wolke kreißt.

Tropfen erst, dann immer schneller;

Silberwand

ist vom Himmel bis zur Erde

aufgespannt.

Hinter allen Wassermengen,

gläsern steif,

lugt am letzten Wolkenrande

heller Streif.

6.9.55

An den Geliebten

Der Regen, der die Strasse netzt, verraucht,

doch der, Gespinst von Kreisen, untertaucht

in einem See, mit ihm verschmilzt, vermählt

sich innig ihm und bleibt ihm zugesellt.

Das Licht, das auf den Schindeln glüht, verbleicht,

Doch jenes, das die Halme   rührt so leicht,

mit Erdenkraft die grünen Ähren speist,

das bleibt in ihnen, in dem Saft, der kreist.

Du bleibst in mir, du Lied in meinem Blut,

du Herz, das tief in meinem ruht.

Es geht die zarte Spur von deinem Schritt

in meiner Spur auf allen Wegen mit.

Jene Abende

Jene Abende: auf Schwalbenschwingen

kreist der Tag ums Haus und unterm Dach

findet er sein Nest. Da schaust ihm nach

und du hörst die feinen Gräser klingen.

Rote Dächer, winklig und. verschroben.

Rauch steigt auf, verbündet sich dem Blau.

Weiße Wolken werden plötzlich grau.

Alles Licht wird langsam weg geschoben.

Dunkel nistet in den nahen Gärten,

duckt sich noch, zum Katzensprung bereit.

Letzte Tropfen rinnen aus der Zeit

und du suchst nach ihres Schweigens Fährten.

Vor einem Brunnen

Vierköpfig Fabeltier,

speiender Mäuler vier.

Rauschen und rauschen.

Silberner Überfluss

gleißend versprühen muss.

Rauschen und rauschen.

Schale das Wasser fängt,

Schale die Sterne fängt,

Sonne und Sterne.

Schale die Mitte ist,

Sternblick das Wasser küsst.

Nähe and Ferne.

über der Schale Rand

perlend sich Netzwerk spannt:

Vorhang und Funken.

Steinernes, graues Rund

schlürft es mit Riesenmund

durstig und trunken.

Vierköpfig Fabeltier,

Schale und Sternengier,

Rundung von Steinen.

Leben und Überfluss

liebend versprühen muss.

Münden in Einen.

Angst

Erloschnen Feuern folgt die Nacht.

Wie rasch lässt sie das Blau verenden.

Ein alter Mond mit Greisenhänden

zerbröckelt Licht und kalte Pracht.

Die Grenzen schwinden. Deinen Händen

entgleitet Tagewerk und Macht.

Wie Kriegsvolk vor Beginn der Schlacht

drohn schwarze Käfer von den Wänden.

Du schreist. Die Enge schluckt den Schrei.

Er dringt nicht in des Nachbarn Zelle.

Du bist wie alle vogelfrei.

Die schwarzen Käfer wittern Aas.

Ein Falter, fern, des Himmels Helle,

stirbt Deine Seele hinter Glas.

9.9.55

Terzinen auf den Tod des Vaters

Am Winterabend weint ein Kind

vor einem Spiegel, der vom Schauen

den Glanz verloren, alt und blind.

Vor einem Spiegel, der vom Schauen

und an der Jahre Last zerbrach.

Wie warb er lang um mein Vertrauen,

der an der Jahre Last zerbrach,

an Einsamkeit, an Nicht-Verstehen.

Der Strand ist spurenlos und flach.

Die Einsamkeit, das Nicht-Verstehen,

das Wandern in der Strassen Grau,

wenn abends Nebel stumm verwehen.

Das Wandern in der Strassen Grau

wie Fische, wandernd in den Flüssen,

das Ziel nur kennen ungenau.

Die Fische wandern in den Flüssen.

Erschreckt mich jetzt dein stummer Mund;

er starb an aufgesparten Küssen.

Erschreckt mich jetzt dein stummer Mund?

Wie war der meine stumm and träge!

Wer lockte mich vom festen Grund?

Wie war mein Mund so stumm und träge!

Ich höre, wie mir einer sagt,

dass er nur vor der Türe läge.

Ich höre, wie mir einer sagt,

dass nur die Türe zugeschlagen

und dass er draußen, steht and fragt:

Was hattest du mir noch zu sagen?

25.12.56

Landstreicher Herbst

Barfuss in zerrissner Hose

schwenkt er Astern, rot und blass,

küsst er schlanke Herbstzeitlose,

kaut ein silbern Zittergras.

Löscht der Sonnenblumen Licht.

Üppige Lippen, weinbefeuchtet,

stoppelbärtiges Gesicht,

reifer Apfel, glänzt und leuchtet.

Lacht er dann sein dröhnend Lachen,

fliegt den Buchen Gelb ins Haar.

Zieht wie einen schwanken Drachen

Wolken nach sich, graue Schar.

Unter seinem kecken Griff

rötet Weinlaub sich. Voll Süße

fallen, greller Hamsterpfiff,

Nüsse vor die braunen Füße.

Siehst du, wie er beerenprassend

rainwärts unter Sträuchern thront?

Steigt zum Hohlweg, blätterfassend,

wo das frühe Dunkel wohnt.

Verwelkte Sonnenblume

Die Gebärde lässt das Herz erschrecken:

Wie am grünen Stamm das Haupt sich neigt,

blasse Krone ohne Flammen zeigt,

das erstorbene Gesicht zu decken.

Alles Müde in dem tiefen Neigen –

(Man vernutet heimlich, dass Sie weint)

ist mit stiller Demut so vereint,

wie es königlichen Frauen eigen.

Dieses Enden vor dem hohen Ziele:

sonnengleich zu leuchten und zu stehn

über allen Dingen, die vergehn,

wenn der Tau in ihre Augen fiele.

Sie verblühte wie die Abendstunden,

die der Himmel heimholt; rein und groß.

Ihre Strahlenblätter ließ sie los,

Strauss gebrochner Lanzen, ungebunden.

Neiget nun zur Erde sich, ergeben.

Scheue Vögel suchen ihr Gesicht

und sie wehrt dem raschen Raube nicht:

Mütterlich ernährt sie fremdes Leben.

In der Frühe

Der Dialog der Amseln

Eröffnet den Tag.

Das Unbekannte kommt

Mit kleinen Lichtschritten näher.

Der Morgenwind blättert

Gesichtslos in den Alleen,

Das Unwägbare hebt den Kopf,

schaut dich prüfend an.

Die tägliche Wiederkehr

Des Lichts ist versprochen.

Sicherheit aber ist nicht zugesagt.

Der Horizont bleibt in der Schwebe.

Stillleben

Harmonie der Dinge:

Statue, Kerze und Frucht.

Fixpunkte des Lebens:

Lichter Beginn und Reife,

endlich der stille Stein,

der ins Dunkel ragt.

Mahnung zur Einsicht

über den Rahmen hinaus:

Leben wohnt auch noch

hinter den Dingen.

Mit der Zeit

Mit der Zeit

werden rechteckig

unsere Augen.

Bildkanäle führen

zu geheimen Archiven.

Lautlos abrufbar

ihr Inhalt,

auch gegen

unseren Willen.

Pardon wird

nicht gegeben.

Nackte Leiber

werden angeboten

als Augenbinde.

Später Sommer

Der Sommer lehnt sich fiebernd an die Pappel,

die steil und dunkel seinen Namen schweigt.

Ein silbernes Geblätter in den Weiden

den Anhauch seines heißen Atems zeigt.

Der Fluss geht träge seine alten Bahnen,

die keine Welle der Erregung kraust.

Der Wassermann im tiefen Schlafe murmelt,

der bei den Fischen auf dem Grunde haust.

Die satten Gärten brennen rot und golden.

Doch sieh, das Rot der Aster an, erschrick!

Unmerklich wandelt Sommer sich, Verschwender,

zum trunknen Herbst, der Astern Rot im Blick.

Der Falke

Das Rätsel blieb ungelöst,

das Gewitter ungeweint.

Der Sonntag vertan

unterm erstarrten Apfelbaum

im windleeren Garten.

Vor dem Bleihimmel

rüttelt ein Falke

die sichelschmalen Flügel.

Stoßbereit.

Hora incerta

Fesselbefreite Metalle verdampfen,

Schmerzschrei geschändeter Tiefe

kochende Wolke gebiert,

Tod im gedunsenen Leib.

Krake der Angst

schlägt mit unzähligen Armen,

saugt aus zersplitterten Knochen das Mark,

Lähmung vergiftet schwammiges Hirn.

Gottähnlich hob sich der Mensch:

Sterne aus eigener Kraft

himmelwärts schießen.

Entleertes Gewölk

schlägt ihn mit eigenem Brand.

Collagen

I.

Das Eckhaus mit dem Erker und

dem schwarzen Schieferdach

zerbirst im Bombenhagel, der

aus Schwalbenschwingen fällt,

den Schwalbenschwingen, die den Saum

der Nacht an Dächer knüpfen.

Die Nacht streicht alle Schatten aus.

Ein lilienfarbener Engel weint

in einen Blumenstrauß.

II.

Oboenklänge züngeln auf

wie Flammen. Gelbes Spiel

in einem Dornbusch. Blütenblau

starrn Augen, tausendfach,

verfolgen mich, sind ohne Schlaf.

Aus Wolken regnet Stein.

Wer facht zur Nacht das Feuer an?

Versteckte Quelle Steine tränkt

und Fische, weiß und tot.

III.

Gelehnt an einen Perlberg, drauf

ein Schloss im Wind vergeht,

ein Mädchen, Hand und Fuß im Meer,

das grau und ferne rollt,

in das sie blasse Blumen wirft,

geschnitten aus dem Kleid.

Kein Mensch, der ihre Sprache spricht.

In ihrem Schoß ein halber Kopf,

der keine Zunge hat.

Diskussion

Er setzt mir den Revolver

an die Stirn, geladen mit

Gemeinplatzpatronen. Er hält

mir die Schlagbohrmaschine

ans Ohr. Schlagwörter

in jeder Windung. Er schmiert

die stufenlose Gebetsmühle

mit Argument-Scheinen.

Mein Gesprächspartner kennt sich aus.

Er hat einen Plattenwender

im Gehirn, der meine Sätze

um und um wendet,

und eine Häckselmaschine, die

die Sätze kleinhackt,

so dass seine Zunge

sie ausspuckt, um mir im Mund

und gewendet in seinem.

Mein Gesprächspartner hat eine flinke Zunge.

Ich rede redlich

und merke auf,

jedem seiner Worte

nachhörend. Er aber

legt sich in die Kurven

seiner ausgetretenen Gehirnwindungen,

immer rasch das gleiche zu sagen,

was er schon anderen gleich

und an anderen Orten rasch

und immer gleich gesagt.

Stimm ich nicht zu,

ist er verstimmt.

Traurig, wenn ich

ihm nicht traue.

Mit Stempelmaschinen

sollte er reden,

die seiner Meinungsmarke

immer den gleichen Stempel

als Gütezeichen

auf die Schulter

und zwischen die Zähne hauen.

Gelassenheit

Tage der Raben

ertrage ich gelassen.

Das Strickmuster Gelassenheit -

rechts und links,

wie die Schritte

langsamer Wanderer.-

schmückt die Stunden.

Einen jungen Baum

kann ich pflanzen

Ich kann nicht

seine Blüten

heraus klopfen.

In dieser Stadt

In dieser Stadt

bin ich ein Fremder.

Wie ein Fuchs,

verjagt aus vergessenem Wald,

schnüre ich im grauen Staub

grauer Straßen. Plakate

spucken mir Farbe

in die Augen. Beißen

mit Mäulern voller Zähne

Rillen in die Schallplatte Gedächtnis

Einer in dieser Stadt

presst Stirnen, Lippen, Zungen um,

damit sie wie Fontänen

vorfabrizierte Worte sprudeln.

Manchmal träume ich

von einem Fuchsbau.

Serenade

Plaisanterie von Graupner:

Die Läufe der heiseren Flöte

saugen das Licht in den Raum,

den es mit tastenden Cembaloschritten

klirrend durchmisst.

Giovanni Puntos Hornkonzert

kommt aus dem Fallada-Walde geritten,

tänzelt im Schritt

durch das heitere Flusstal,

idyllische Wandmalerei:

Gefiederte Bäume,

Bollwerk und Brücke.

Schwer zu beschreiben

die Falterfiguren

der Trauersymphonie:

Die Kerzen erregen sich

an Haydns Atem.

Allegro con brio. -

Heiter ist, wer überwand.

Suche

Zuerst alles ausschalten:

Lautsprecherschrei und Leuchtreklamen.

47

Sorgsam die Fantasie durchforschen

nach vorfabrizierten Bauelementen.

Sich in Frage stellen,

Das Schweigen bestehen,

die widerrufene Existenz.

Nur den beständigen, dunklen Trost

Des Pulsschlags als Stütze.

Das mündige Wort danach.

Nachtschatten-Gedanken

Der Bettler auf meiner Treppe

ist vergiftet. Im Rinnstein

der Nacht liegt das Trinkglas in Scherben.

Morgen wird man die Scherben betrachten

und Tollkirschenspuren im Wermutrest finden.

Man wird sich wundern, dass der Tote

meinen Namen trägt.

Den vom Blitz gespaltenen Torso,

dem der Tod entsteigt,

wirst Du beweinen.

Hast Du nicht aus dem gleichen

Glas getrunken: Nachtschatten-Gedanken

und Hieroglyphen-Trost ?

Nachdenkliche Nachtfahrt

Die geprägten Profile

der Einzelgänger-Kiefern -

nur noch ein Schnörkel

am Rande der Nacht,

wie die gesichtslose

Meute der Nebelfüchse

neben der Fahrbahn.

Zaubertrank ist gestrichen

von der Speisekarte;

Rausch und Bewegtheit

finden nicht mehr statt.

In dem großen Raum

aus Dunkelblau und Wolken

hängt ein Teilstück des Mondes

und sieht betreten.

Die Wolke

Immer noch

picken im überlebenden Park -

staubiges Grün, das Ruinen

fett und mit prahlender Milde umkränzt -

immer noch picken dort

Buchfink und Meise

Krumen

aus der geduldig geöffneten Hand.

Immer noch

Spieler in einer Idylle

aus Wohltat und Fraß.

Spüren sie nicht,

die den Habicht doch spüren,

schweigende Wolke aus Grau und Gelb,

spüren nicht sie auch

die andere Wolke -

wenn schon die Menschen nicht spüren -

die drohende Wolke aus Grau und Gelb?

("Füttert die hungernden Vögel" -

Doch achtet,

wenn sie sich verkriechen)

Anderen Staub

wird sie mischen

unter das Grün des gesättigten Parks

und die Hand fällt ab,

die geduldig geöffnete,

und die Axt, die du nicht siehst,

wird an die Wurzel der Bäume gelegt,

die noch überlebten.

18. 7. 61

Gestreifter Tag

Der Tag ist rot und schwarz gestreift.

Rot das Verlangen,

in die Fingerspitzen getragen,

wo es im Seidenpapier der Haut

Chiffren zeichnet.

Rot die mit einem Pelz

guter Vorsätze belegte Zunge,

die Schönschwätzerin.

Schwarz und träge zum Herzen zurückgespült:

die vergessene Zärtlichkeit,

die von Skrupeln gelähmte Umarmung,

die nicht gebauten Laufgräben,

die von der Ratte Zweifel

angenagten Vorsätze,

die mit der handwarmen Suppe

des Wohlverhaltens

hinuntergeschluckten Bekenntnisse.

Der Schlaftrunk schmeckt nach bitteren Mandeln.

Veränderungen

Auf den Uhren

beginnt der Zeiger linksherum zu laufen.

Tapeten blättern von der Wand

wie Halbmastfahnen.

Entblößen graues Mauerwerk

und Keilschrift-Zeichen:

Leicht und weich zugleich.

Im Garten räkelt sich

der satte Sonntagswurm

und schlägt mit sieben Schwänzen

nach den Bäumen.

Die werfen all ihr Laub

auf einmal ab

und spielen Winter.

Mitten im August.

Die Nachbaramsel schmettert

mit Es-Dur-Trompeten.

Die h-moll-Harfe

rostet in der Kehle.

So ändern grüne Worte

ihre Farbe zwischen Rednerzähnen.

Gewitter

Die weißen Flanken

des Gewitters zittern

über der Stadt.

Der Himmel:

ein gejagtes Pferd.

Prasselnde Regenhufe

auf dem Pflaster.

Mit Sturmpeitschen vertrieben

von welcher Weide?

Bäume brechen ins Knie.

Häuser wenden sich ab.

Ängstlich

hören die Steine

Botschaft der Donnertrommel

aus brennenden Sternenstädten,

die niemand gesehen.

Nachtvogel

Der Nachtvogel

geht über die Dächer,

pickt die Tagträume

aus den Antennen.

Am Morgen

haben alle Leute

leere Gehirne

Das Ewige in einer Rose Glut

Ihr könnt den Geist auf kahle Türme heben,

und zu ihm aufschaun wie Besessne tun

zu Heiligen, die auf steilen Säulen ruhn.

Er wird sich keinen Deut, an Euch vergeben.

Versenkt Euch in der Abendstunde Blau.

Verwirrt Euch nicht der Glanz von einem Leben,

in dessen Herzschlag flüchtige Stunden beben

und nicht das Lächeln der vertrauten Frau?

Oh, kehret heim von den Archipelagen,

wo unter Strahlen Euer Tag verdarb,

im Eis der Nacht der scheue Vogel starb.

Dann fühlt Ihr nach den viel zulangen Tagen

das Ewige in einer Rose Glut

und seinen Puls in Eurem eignen Blut.

Sommertag 2

Schmaler Bäume Silhouette

dunkel auf das Blau gemalt.

Schäferhund träumt an der Kette.

Vogelruf tickt an die Glocke,

die mit ihrer Weite prahlt.

Weinlaub windet Schattenlocke.

Blaue Ferne sanfter Hügel,

heiße Nähe um das Haus.

Helles Pferd schleppt müden Zügel.

Großer Pan schläft in den Wäldern.

Satte Wolke ruht sich aus.

Träger Schatten auf den Feldern.

Nachtstück
(in memoriam Georg Trakl)

Silbergesicht hebt sich aus traumfarbenem Gestein,

pestfleckig

schimmert die verwaschene Haut.

In schrägen Strahl, bleicher Straße des Leides,

kauert der Mönch

schwingt er die siebensträhnige Peitsche.

Immer folgen die schwankenden Seelen den Hängen
der Nacht.

Schächte der Tiefe

nehmen sie auf, modernes Bergwerk des Geistes.

Silber zu schlagen neigt sich die Stirn des Besessenen

tief unter Gottes Zorn.

Beißt er sich fest an fündiger Ader.

Rückkehrend kühlt er im schwarzen Fluss brennenden
Leib.

An starren Weiden vorbei

treibt ihn der Strom bis unter die Brücke.

Morgen

Stern verlöscht im Morgengrauen.

Kaltes Licht springt aus dem Dunkeln

wie die Gier nach müden Frauen,

Lust und Kraft im Augenfunkeln.

Traum entweicht aus offnem Munde;

Butterkuss und Kindersingen.

Ferne Glocke schlägt die Stunde,

klöppelhart den Tag zu bringen.

Augen öffnen sich und sehen,

fremde Farben hat das Zimmer.

Ob wir diesen Tag bestehen?

Frage bleibt der Morgen immer.

Trüber Tag

Der Blick durchs Fenster macht die Augen müd.

Wenn auch die Knospen der Kastanien sprangen

und grüner Finger nach dem Lichte fasst,

die schwarzen Stämme krümmen sich und bangen.

Die grünen Finger greifen in das Nichts,

Ein Hauch von Gestern ist auf allen Wegen,

und Moder steigt und Dunst aus fernem Tann,

und will sich grau vor meine Augen legen.

Wie zugemauert schweigt der Himmel. Grau,

verbraucht und schwach von viel zu langen Tagen

versucht des Lichts unsäglich müde Hand

in seines Kerkers Wand ein Loch zu schlagen.

Press deinen Kopf um

Press deinen Kopf um,

werde ein Tropfen,

Stromlinie,

hüte dich, eine Stirne zu haben,

Furche und Fläche, hoch, breit.

Stirnen werden zerschlagen.

Tropfen schwimmen behänd,

stoßen nicht an -

Stirnen am Mauer und Stern. -

Aber die Stirnen werden zerschlagen-

Wer fragt?

Tropfen haben zu schwimmen.

Keiner fragt. -

Press deinen Kopf um,

werde zum Tropfen.

Stromlinie.

.Denn die Stirnen werden zerschlagen.

Boothia Felix

Man hört: Der magnetische Nordpol

sei ausgewandert, geflohen.

Doch, in den Büchern,

Särgen, verstaubten Wissens,

heißt es noch lehrhaft und zweifelsfrei:

Boothia Felix.

Man spürt: Die Dinge weichen uns aus,

werden entrückt,

entziehen sich geistigem Zugriff,

verlagern sich, fremd, und gefährlich,

wenden sich ab ins Dunkel:

Boothia Felix ist leer.

Nachtfahrt

Wie Speckspaten in einen Walfisch

fressen die Scheinwerfer sich

in den Bauch der Nacht

der hinter uns zuklappt,

ohne Geräusch.

Bäume stehn da,

vom Licht aus dem Dunkel gemeißelt.

Zäune vorbei und schlafende Häuser.

Reifendes Korn gleißt auf uns zu,

erschrocken, verstört und geblendet.

Blick quält sich keuchend voraus, -

Spürhund und Spähtrupp -

Liest kalte Chiffren am Weg.

Feindlich, feindlich ist alles

Tannen: drohende Partisanen.

Nachtfahrt und Grauen:

kaltes Metall auf der Stirn,

Puls gibt wie zitternde Wimpel

Unsichtbare Signale, die keiner liest.

Nacht und das Grauen sind wach.

Die Nacht von Bethlehem

Nachtblaue Stille warf der Engel zwischen sie

Und seine Haare streiften den Saturn.

Ins Knie sie brachen, in die Knie

Mensch und Tier.

Dann war die Stimme. –

Mund? Sturm? – Wer sprach? – Feuer? Brandung?

Seine Hand erhob sich, ahnten sie,

so wie ein Falke, der von einem Turm wegstreicht.

Aber die Stimme! Mit dem Herzen hören.

Rauscht sie im Ölbaum? Raunt sie

Wie ein Käfer durchs Gras?

Ein Finger durch den Pelz des Schafes?

Oder schlug ein Hammer an die Kuppel?

Hörten sie auch Du, auch Dorf, Land, Welt?

Wer rief so?

Angst und Herr – sie wussten – Stall und Stern.

Sie gingen, Seine Worte

Wie ein Leitseil in der Hand.

Und fanden.

Ohne Titel

Verschneiter Hohlweg öffnet sich zum Main,

nahe der Brücke,

von der erst Widerlagen und Pfeiler stehen.

Da hält der Himmel mir den Mund zu,

wie das Eis das Murmeln des Mains verbietet

mit kristallener Pranke, die Stimmen im Strom

schweigen heißt -

so wie die rasche Hand

den zitternden Sommerfalter ins Gras drückt.

Aber der Himmel steht im Westen

Über dem Main.

Nicht wie aus Wolken gebaut und Licht,

sondern von fremder Hand .gemalt,

der Hand, die die Wellen vergrub.

Graue Festung hält das Licht gefangen,

von den Türmen zieht das Schweigen

Das gefangene Licht aber bricht durch: die Mauer

reißt eine Lücke, gräbt einen Spalt.'

Rot und gelb,

von anderen Händen gemalt.

Das Schwelgen aber saugt die Farben wie ein
Schwamm

Sie bleiben am westlichen Ufer

und erst später wird die Brücke gebaut,

die Widerlager und roter Pfeiler verheißen.

Liebe ist anders

Unter des Sichelmonds schwindendem Licht,

unter den tauigen Büschen am Rain

halten sich Liebende, blaues Gesicht,

näher der Erde, wie Käfer, zu sein.

Auf den zerbissenen Mund fiel der Tau.

Herb krümmt die Lippe sich nieder im Schmerz.

Wolkenmann frisst seine mondene Frau.

Laublose Sträucher erzittern wie Erz.

So wie ein Fenster, das spät man verhängt,

schließt sich das Auge der Blume im Wind,

der sich mit sengender Gier in sie drängt;

bricht sie, versehrt sie, ein spielendes Kind.

Liebe ist anders. Nicht Sturmwind, nicht Brand.

(Auch das Geborgensein ist nur Ersatz.)

Liebe ist Bauen mit sorgsamer Hand,

Mühen um einen versunkenen Schatz.

An den Dichter

Wage dich bis an den Rand!

Umsäume die Wunde

des Unsagbaren!

Wage dich weiter hinauf

Pflanz deiner Fahne Signal

in Gipfelnähe.

Lote dich tiefer hinab!

Suche den unruhig-dunklen Grund;

schrei aus der Tiefe!

Unerfülltes Leben

Immer neben einer Manier gehen

und zu wissen, dass dahinter

sich ein Garten dehnt mit scheuen Blumen,

dass dort Bäume warten, deren Früchte,

bittersüß und fremd,

in die Hand dir fallen, wenn du sie erhebst

mit der bittenden Gebärde eines Kindes.

Und zu wissen, dass ein Gang

durch den roten Abend köstlich ist,

wenn der Schritt das müde Laub

rascheln macht und bauscht.

Und ein spätes Tier auf einer Lichtung

dich mit Götteraugen mahnt,

in der hohen Baume Schatten einzutreten

und dem tiefren Schweigen

ganz dich zu vertrauen.

Immer neben einer Mauer gehen

und den Staub der Straße einzuatmen

und mit. tränensattem Auge

nach dem einen Tor zu suchen.

Im April

Kinderhand greift nach den Früchten vergangenen
Jahres,

blassgrünen Äpfeln, die frieren im irdenen Topf.

Wirr sind vom Sturme die Strähnen des glänzenden
Haares.

Kindermund kräuselt sich, wie unterm Anhauch des
Windes

sauer und schal sind die Äpfel, vom Regen genährt.

Kühle Enttäuschung steigt auf in die Augen des Kin-
des.

Draußen vorm Fenster summt leise ein nebliger Regen,

dunkel stehn Bäume, ihr Leben nach innen gekehrt.

Nässe glänzt glatt wie ein Spiegel auf Steinen und We-
gen.

Ängstlich verläuft sich im Abend das kindliche
Schauen,

müde vom Warten sinkt weich auf das Kissen der
Kopf.

Traum steigt herauf, darin Blumen ein Schloss sich er-
bauen.

Wind am Fluss

Der Weide grüne Fahnen wehn

Stromauf, stromauf...

Im Fluss das Wasser scheint zu stehn.

Der Wind hälts auf.

Der Himmel, wolkenvoll und grau,

geht drüber hin.

Sein Spiegelbild, blass, ungenau,

zerbricht darin.

Zerbricht in Scherben, wellenklein,

ein Glitzertand,

ein Perlenspiel aus Glas und Stein

in Kinderhand.

Vom Himmel, wolkendicht verhüllt,

fällt schwer das Licht. -

Der Wind zerbricht das Spiegelbild,

den Himmel nicht.

Die weißen und die schwarzen Vögel

Die weißen und die schwarzen Vögel

nisten

auf den Bäumen der Gedanken.

Die weißen flattern,

lichthelle Tauben,

auf wie ein Lachen.

Aber die Raben schwingen

träge die Flügel,

nachtschwarz und schweigend.

Wo?

Wo in den leeren Räumen

Ist noch ein Sinn zu sehn,

wenn schon durch unser Träumen

nur Angst und Schatten wehn?

Wenn schon der Nacht Genügen

nicht Schweigen mehr und Ruh;

wenn wir uns selbst betrügen

mit Liebe, Glück und Du?

Wo wir uns selbst nicht nehmen

und nicht den anderen an,

nur seelenlose Schemen

und die Entleerung dann.

Wo ist noch aufgerichtet

ein Halt, ein Sinn, ein Ziel? -

Was unser Geist vernichtet,

war es zuviel?

Vor einem Brunnen

Tierköpfig Fabeltier,

speiender Mäuler vier.

Rauschen und rauschen.

Silberner Überfluss

gleißend versprühen muss.

Rauschen und rauschen.

Schale das Wasser fangt,

Schale die Sterne fängt.

Sonne und Sterne.

Schale die Mitte ist,

Sternblick das Wasser küsst.

Nähe und Ferne.

Über der Schale Rand

perlend sich Netzwerk spannt:

Vorhang und Funken.

Steinernes, graues Rund

schlürft es mit Riesenmund

durstig und trunken.

Vierköpfig Fabeltier,

Schale und Sternengier,

Rundung von Steinen.

Leben und Überfluss

liebend versprühen muss.

Münden in Einen.

Wort, Dolch oder Brücke?

Fremd

unter schwarzen, tropfenden Bäumen.

Tränen?

Nebel wischen sie aus den Gesicht.

Fremd,

unter grauen, frierenden Menschen.

Brüder?

Worte zerschneiden das bindende Seil.

Kalt,

und der Worte trennende Mauer,

glatt

ohne Fuge, Halt einer tastenden Hand.

Glatt,

wie ein Kunstharz und kalt.

Tot,

Retortengebräu, von Menschen erdacht.

Wort,

zerschlagener Kirchturm, zungenberaubter Mund.

Wort,

immer wieder zerschmolzen, verschüttet, verloren im
Sande.

Wort,

wie der Speichel achtlos verspritzt, Same des Hurers.

Wort

auf den Feuern der Feindschaft geröstet, verdorrt.

Wort

tanzt es auf lockerer Zunge? Zaunpfahl des Hoch-
muts?

Wort,

Stein in der Mauer, Messer der Gier oder die Brücke
der Brüder?

Schlaf

Tief zu schlafen ist gut.-

Sich entfernen vom lärmenden Strom

und in den schweigenden Büschen

am mählich sich hebenden Ufer

mit sorgsamer Hand

die purpurne Beere zu suchen.

Dann kann es sein,

dass ein Blatt sich, dir legt

auf die Stirn, auf den Mund,

leichteste Last,

die der Atem verweht,

der aus dem träumenden Munde geht.

Käferlauf kräuselt die Hand,

Vogelruf läutet von fern

mahnender Strom

benetzt deine Schwelle.

Entwirre dich aus der Büsche

sanfter Umarmung,

finde zum Ufer zurück,

den Blick auf die schäumenden Wellen.

Sommerlicher Weg

Ein kleiner Wind, der süß vom Heu

lässt die Holunderhecke nicken.

Die Wiese kocht In Gold und Grün:

ein weißer Schaum auf ihrem Rücken.

Dann wieder frisch gemähtes Heu.

Das Grün scheint mit dem Duft zu fliehen,

der süß und schmerzlich wie ein Blühn

und wie aus fremder Zeit entliehen.

Die erste Glockenblume starrt

mit offnem Kelch ins Himmelblaue. -

Des Lerchenliedes Einfalt macht,

dass suchend ich nach oben schaue.

Was such ich, was noch meiner harrt?

Ist mir nicht alles hier bereitet?

Ist mir Feuer nicht entfacht

und nicht der Schein, der bald entgleitet?

Schau in die Nacht

Schau in die Nacht:

Sie ist nicht finster und -war nie gelassen.

Du siehst den Schatten, den du wirfst, im Gras

und Lampen brennen in den nächsten Strassen.

Beleuchtete Fassaden siehst du blass:

Kein Sinn, kein Hintergrund, nur irgendwas

wie Requisiten, die wir schon vergaßen.

Ein Schritt im Kies verliert sich in der Ferne.

Ein Fenster, jäh beleuchtet, lässt dich fremd.

Du weißt nicht, wer dort wohnt und ob er gerne

an seinen Tisch dich bittet, ob gehemmt

die Tür er schließt und sich dagegen stemmt.

Schau in die Lacht und ihren Sinn verlerne.

Du bist allein und so wie die Fassaden

im Dunkel aufgestellt und angestrahlt,

doch ohne Nebenan. Nicht eingeladen.

Dein eigener Gast, der nicht mit Reisen prahlt

und nicht mit Frauen, für die er bezahlt.

Dein eigener Gast mit Angst und Nacht beladen.

Was birgt die Nacht in ihren Mantelfalten?

Was kindlich war und blind vertraute, schwand.

Du kannst die Hände aus dem Fenster halten:

Du findest nichts, ertastest keine Wand.

Doch alle Leere ist voll Widerstand.

Es sind nicht nur die Sterne, die erkalten.

Schau in die Nacht!

Am Stauwehr

Stauwehr lässt das Fließen

eine Stunde ruhn.

Wasser liegt in flacher

Schale nun.

Gelber Abschaum kreiselt

nah am Wehre hin,

tanzt um welke Blume

mittendrin.

Weißfisch zieht am Grunde

schmale Flossenbahn.

Wer hält mein Verströmen

einmal an?

Löwenzahn

Löwenzahn, gestern ein Schrei:

gelb und erregt

stach aus gesättigtem Grün.

Löwenzahn, heute vorbei:

Harfe im Wind,

der seine Hände auflegt.

Löwenzahn, gestern ein Kind,

sonnenverwöhnt,

lanzenbewehrt und so kühn.

Löwenzahn, heute uralt,

mild und versöhnt.

Härener Büßer im Wald.

Planlandschaft

Hier standen früher Bäume und der Wind
schien in der Blätter Dunkel zu verweilen.
Jetzt ist ein grauer Damm und seine steilen,
geplanten Flanken sind schön alt and blind.

Hier waren Hecken und der Zäune Zeilen
so leicht und schief gezogen wie ein Kind
sie spielerisch noch malt. Inzwischen sind
hier grade Wehre, die das Wasser teilen,

das Wasser, das den ungezählten Lauf
sich erdverbunden, geistersicher bahnte.
Und Landschaft tat sich lockend vor ihm auf.

Was Spiel war schwand in der Erregung Glück.
Nur Zweck und Nutzen wuchsen, die man plante.
Ein wundes Tier zieht Landschaft sich zurück.

Abendliche Terzinen

Aus Dunst und Dämmern wirkt der Abend ein Ge-
wand,

des Lichtes Blöße darin einzuhüllen,

und hängt es leise an der Bäume grünen Rand.

Darin des Lichtes Blöße einzuhüllen,

mit einem Lächeln, wie um einer Mutter Mund,

wenn Kinderaugen sich mit Tränen füllen.

Mit einem Lächeln, wie um einer Mutter Mund

gewöhnt der Himmel, sich an zarte Farben

und nur die Apfelbäume leuchten ohne Grund.

Gewöhnt der Himmel sich an zarte Farben,

schläft in den Gartenhecken der berauschte Wind

und Schatten deckt die Dinge, die verdarben.

Schläft in den Gartenhecken der berauschte Wind,

gehn junge Paare auf versteckten Wegen

und ihre Augen sind wie Algentümpel blind.

Gehn junge Paare auf versteckten Wegen

- o wie verlockt die weiche Luft zu seligem Kuss -

und lauschen auf die Sinne, die sich regen.

0 wie verlockt die weiche Luft zu seligem Kuss,

da ferne Linien in das Dunkel enden.

Den liebenden winkt erster Stern vertrauten Gruß.

Sie wollen nach ihm greifen mit den Händen.

Prozession

Verwitterter Kirchturm verstummt ohne Glocken,
Geborstene Stufen erschrecken den Schritt.
Spatzennest klebt in der Dornenkrone,
Ratten zernagen, das Chorgestühl.
Gebrochener Fenster schreiende Farben:
Spielzeug grölender Stürme.

Zwischen Palästen von Glas und Beton,
Raubritterburgen tariflicher Fron,
und den Baracken, wo Kohl und Benzin,
Kindergeschrei und Gestank grauer Wäsche
schwadendick liegt vor dem Licht,
rotten sich Massen.

Schreiend durchziehn sie die Stadt.
Hinter den Fenstern, gardinenversteckt,
zitternd und bleich letzter Bürger erschrickt,
vor der Stiefel Gestampf.
Endloser Zug wälzt im Staub,
keiner weiß Anfang und Ziel.

Aber inmitten der trampelnden Herde

wissen sie ihren Popanz:

Auf dem gepolsterten Wagen,

ächzend, von Leibern gezerrt, -

kalt und aus leblosem Stahl,

missgestaltet und blind,

Herrscher der Sklaven, Gott ohne Gnade, -

thront der Motor.

Draußen vor der Tür
(Zu einer Zeichnung von Joachim Schmidt)

Ein fettes, lüsternes Weib

hängt weit aus dem Fenster,

schickt gierige Hände voraus,

schaut scheinbar, was vorgeht

draußen vor der Tür,

und sieht nichts.

Nicht die verzweifelnd fragende

gereckte Hand des "Warum".

Nicht das Hunger-Skelett,

die resignierende Knochenhand,

den durchwühlten Mülleimer.

Hinter der Selbstsucht

grellbunten Augenklappen

brütet egoistisch Lust.

Was vorgeht draußen

vor der Tür,

rührt sie nicht an,

nicht Verzweiflung und Hunger

der Müll-Existenzen.

Monoton kreist ihr kleines Hirn

nur um sich selber.

Schattenspiel

Das Licht ist eine Glaskugel,

die. sich tropfenweise

mit Schwarz füllt.

Die Silhouette der Geliebten

wächst, langsam

auf meine Augen zu.

Die Hand legen

auf Dein Haar, auf dein Herz

ist nur ein Schattenspiel.

Der dunkelnde Tisch

fängt dich ein.

Sicherheit ist nicht zugesagt.

Unsere Einsamkeiten

überdecken sich nicht,

wenn auch das Licht anders fällt.

Polarkreis in Brusthöhe

über Klauen und Zähne

vorwärts!

Immer höher

die Stufen aus Glas,

spiegelglatt und kalt.

Verläuft der Polarkreis

in Brusthöhe,

vereist der Herzspitzenton.

Ausgesetzt

Ausgesetzt

auf den verrufenen, grauen Schären

bauen wir, oktobertrunken,

unsere Hütte

aus Nebel, Salzgeruch und Möwenschrei.

Ausgesetzt

auf dem Archipel ohne Rückkehr

graben wir aus die zerbrechlichen

Schriftrollen

asiatischer Zauberer.

Ausgesetzt

auf den blank gewaschenen Steinen

besprechen wir mit Wunderformeln

den Baum,

von uns dort auf Hoffnung gepflanzt.

Im Gegenlicht

Licht -

ausgelaufen bis vor meine Schuhe.

Das ist alles schon beschrieben:

Der Märznachmittag,

der das Tal füllt

mit Dunst und Weite,

auch das dürre Gras und

drüben der tannenzersägte Hang,

vor allem die Sonne,

das Gegenüber meines Gesichts.

Mit Namen beklebt,

scheinbar leicht zu lesen.

Gilt das alles noch?

Sind Bilder und Worte

selbstverständlich?

Gehören sie zu diesem Tag

wie meine Schritte?

Ich bin nicht sicher.

Im Gegenlicht

verlieren die Dinge

Kontur und Namen.

Niemand schaut dahinter:

Ausgelöscht

die Erfahrung der anderen.

(Führt mich keiner

hinters Licht ?)

Ich suche von neuem

nach Worten,

kantig, hart und genau

wie die Steine

vor meinen Schufen,

aufgenommen im Gegenlicht.

Aus einem April

Der Morgen wirft

Eine Handvoll Vogelzwitschern

gegen die Nacht.

Schwerfällige Wolken tauschen

mit Dächern nasse Rücken.

Unstetes Schattenspiel

von Baum und Zaun.

Weiden frösteln grün

Mit nassen Füssen

Auf kleiner Flamme

kochen im Rasen

gelbe Narzissen.

Die nächste Nacht

kann die Flamme löschen.

Die Brückenstadt trägt

Wiederaufbau-Masken aus Fachwerk,

im Wappen das Abziehbild einer Burg.

Den Ruhm ihrer Stirn

hält sie mit goldenen Abendfenstern

stolz über den Fluss nach Westen.

Die Retortenstadt lärmt

mit Taktband und Kunststoffbetrieb.

Grünewalds Pieta

schläft fahl im Tresor.

Neongeplapper entlässt Näherinnen

in den gnadenlosen Konfektionsfeierabend.

Die Stereostadt atmet

in zwei Rhythmen:

Barock und Beton,

spricht in zwei Sprachen:

Hupengekläff

und Sandstein-Sanskrit.

Hier wohne ich

in unruhigen Zwischenräumen.

Regentag

Regentag - blasser Magier,

der das Wasser lehrt

grau zu trommeln.

Regentag - Nebeldompteur,

der mit Glasperlenschnüren

den See peitscht,

den widerspenstigen Hund,

der an der Kette lärmt

und kläffend springt

gegen Klippen und Kai.

Regentag - Schleiertänzer,

der die Dörfer

am anderen Ufer

vor unseren ungeduldigen Augen

versteckt

und wieder entdecken lässt.

Regentag - Schattenfresser,

der das Licht nicht zulässt,

uns hinter die Milchglaswand sperrt,

allein mit der grünen Geduld

der Bäume,

der uns auf die Probe stellt

wie Säulenheilige.

Entwurf einer Landschaft

Geraspeltes Licht

fällt grün durch junge Buchen.

Die stille, stachlige Lärche

darüber als Leihgabe

der altdeutschen Schule.

Kindlose Wiese.

Die flehende Gebärde

junger Gehölze.

Statisches Zeremoniell

eines Frühsommertages.

Rotschuppiger Sandsteinbruch.

Dunkle Kulisse für den

Auftritt eines Kirschbaumes.

Sommer im Isarmoos

Hier ändert sich nichts:

Die Luft schien immer klarer

als an anderen Orten.

Zum Greifen nahe

Die Tannenspitzen am Hang

jenseits der Isar.

Rauch steigt träge auf

von unsichtbarem Feuer

bei Silberpappeln.

Alleen schnüren

mit kurzen, dunklen Schritten

ins versteckte Moor.

Die Espen schlafen

über ihren Schatten.

Regungslos.

Grün wächst in Streifen zusammen.

Rot nur brennt das Dach

einer Feldscheune.

Pfingstrosen im Garten sind

verschwenderisch gefüllte

Hände des Sommers.

Der bläst die Weidenflöte

Nach der Partitur

kleiner weißer Wolken.

Andante, Sostenuto.

Körperlos lastet Hitze.

Hier ändert; sich nichts.

Septembermorgen

Kontinente treiben vorüber,

weiß und grau,

die unbegangenen Küsten

benetzt vom Luftmeer,

kühlblau und klar.

Nähe bricht herein

mit dem roten Ruf

der Ebereschen.

Aufbegehren und Reife.

Elsterpfeil zielt

auf die Laubhütte,

wo wir uns liebten.

Den Birken dort

flog Gelb ins Haar.

Die Kiefern

drüben am Wald

bewahren Würde im Wind.

Impromptu

Der alte Mann

fegt Nacht und Asche

aus der Bar.

Schmerzende Helle

stößt rote Polster

nackt und kalt ins Auge

Wer Trost sucht,

liegt hier verkehrt.

Winterlandschaft

Die Hügel

sind stumme Trutzburgen

wie feindliche Brüder

hinter klirrender Tannenpalisade.

Im Vorfeld

ducken sich gebrochene Äcker,

verwehte Gräben. Stehn gekreuzigte Posten,

geplünderte Kronen.

Im Grunde

verblutet das weiße Herz

des Hügels

unter bärtigen Säulen.

Im blassen Himmel

blast einer wild

die helle Wolkentrompete.

Das Werk Karl Tischendörfers

Foto aus dem Jahr 1969

Schwüler Tag

Der gepflasterte

Himmel hängt eine Handbreit

über der Erde.

In dem Mittagshaus,

casa del mezzogiorno,

fiedelt die Hitze.

Schwingungen flimmern.

Schwalben zeichnen die Bahnen,

kommender Blitze.

16.5.70.

Konversation

Milchglaswörter klingeln

über dem Continuo Mißtrauen.

Harmonielehre für taube Ohren.

Versatzstücke springen

aus den Schaufenstern; schlendern

durch die Einbahnstraße Gedächtnis.

Hochkarätiger Sand rieselt

ins Wortgetriebe;

rhythmisch jedoch und sehr agil.

Gespräch gerinnt:

Artikuliertes Zeremoniell. -

Stunde für den Scheiterhaufen.

Durchs Rheintal

An den Hängen tobt

sich der Herbst aus. Gelb

fällt das Auge an.

Vereinzeltes Braun

apathischer Obstbäume.

Gefaltete Hände gotischer

Kirchenfenster öffnen sich

sprachlos dem Nachmittagslicht.

Oben spielen

Ruinen Geschichte.

Das eigentliche aber

geschieht

in den Trauben.

Derriere le miroir

(nach Marc Chagall)

Das Gebirge Dunkelheit

derriere le miroir.

Du ahnst es,

du ahnst es nicht,

Abzählvers in die Vergangenheit

derriere le miroir.

Du siehst dich

mit ausgebreiteten Armen

auf hauchdünner Silberschicht,

faltengenau und seitenverkehrt.

Kratz das Diesseits ab, geduldig,

wasch dein Gehirn mit Säure.

Da liegt ein Mann

derriere le miroir

mit ausgebreiteten Armen.

Erschrocken schweigt

der Vogel im roten Baum.

Und als einer kam,

nach dem Tod zu forschen,

fand er den Mädchenkopf

anstelle des Herzens

derriere le miroir

und noch immer

die ausgebreiteten Arme.

Forschungsauftrag

Das warme Zusammenleben

von Farn und Moos,

den Aufbau des Waldstaats

erforschen; auch die lautlosen

Berührungsgespräche der Käfer.

Ist für das Leben

in solchen Wäldern vorzuziehen

die Aufzucht der Füchse

im Rudel der Verwahrlosung

einzeln aufwachsender Hasen?

Würfelt es aus, meinetwegen,

aber beeilt euch

In Schattenkäfigen warten

die Horden der Giftpilze

auf ihre Einsätze.

Die Weisheit der Fichten

Wer fragt noch

nach der Weisheit

der Fichten, grün

in den Wind geflüstert?

Der Morgen verpackt

ihre Kronen schweigend

in Watte, womöglich

getränkt mit ätzendem Gift.

Momentaufnahme

Schatten von Menschen,

gemalt auf gelbes Fenster,

genau zu betrachten

im Haus am Bahndamm.

Momentaufnahme

lebender Bilder prägt sich ein,

Gespräch und Bewegung

ganz ohne Laut,

und zerrinnt

im Vorüberfahren.

Denkt jemand nach

über Glück?

Januar

Schnee vereist

zwischen den Häusern.

Sträucher halten

schwarzen Atem an.

Das Schweigen der Zweige

wirft dünne Schatten.

Sonst nichts.

Ich wünsche mir

die suchende dunkle Spur

einer Katze.

Blau

Zur Nacht erblüht ein Seidenteppich

auf Dir. Aus Keschan. Blau

und rot, mit Zeichen nicht zu lesen,

aus Perlmutt-Schatten, Haut.

Dein Herz schlägt einen fremden Takt.

Wer bist Du neben mir?

Die Nacht gibt keinen Kompass aus

Das Zifferblatt der Wanduhr schmilzt,

blind die Tapete weint.

19. 7. 69

Oktoberpsalm

Mit blauem Mund

singt dieser Morgen

im Nußbaumgarten

den Oktoberpsalm

von der bitteren Hülle

Gefangenschaft.

Der Hauch seines Atems

bleibt stehen

zwischen den Bäumen

wie mein Atem

stehen blieb

zwischen den Worten,

die dein Ohr suchten

unterm schlafverwirrten Haar,

lang vor dem Tag der Nüsse

und in einem anderen

Babylon.

Ausgesetzt

Ausgesetzt

auf den verrufenen grauen Schären

baun wir, oktobertrunken,

unsere Hütte

aus Nebel, Salzgeruch und Möwenschrei.

Ausgesetzt

auf dem Archipel ohne Rückkehr

graben wir aus die zerbrechlichen

Schriftrollen

asiatischer Zauberer.

Ausgesetzt

auf den blank gewaschenen Steinen .

besprechen wir mit Wunderformeln

den Baum,

von uns dort auf Hoffnung gepflanzt.

21. 10. 69.

Eines Tages

(Mitte des Lebens)

Eines Tages

siehst Du beim Aufwachen den haarfeinen Riß

in der Schlafzimmerdecke und die offene,

nachgedunkelte Schranktür.

An diesem Tag

wirst Du das rote Weinblatt aufheben

und mit Fingerspitzen den Adern folgen,

aus denen der Saft sich zurückzog.

An diesem Tag

wirst Du in Scheune und Schrank Garben

suchen und Brot und die leere Scheune,

den leeren Schrank, nachdenklich schließen.

An diesem Tag

wird Dir der Taubenschwarm seinen Schatten

entziehen und davon fliegen.

28.10.69.

Nebel-Parolen

Im verschlafenen Hohlweg

nistet der graue Passgänger Nebel.

Gut Freund

mit ungekämmten Weiden

und glimmenden Baumstümpfen,

geschart um das Lagerfeuer Erinnerung.

Gut Freund

auch mit mir.

Parolen gehen um

an der vernebelten Grenze

bei vorgeschobenen Posten:

Heimat, Familie.

Gemütswert-Aktien, gestapelt

im Brotbeutel-Depot.

Gut Freund

mit Parolen

Brodeln geht um

an der ausradierten Grenze.

Vor den Spähern im Hohlweg

quillt Vorhang aus Nebelkratern.

Huschende Posten dahinter.

Gewehr umkrallt. Weggewischt.

Gut Freund

mit Gejagten.

9.10./18.11.69.

Ich sehe den Tag kommen

Das schaurige Moor und

die dünne Kruste der Erde

sind von anderen beschrieben.

Ich sehe den Tag kommen,

da die Krebse die Teiche verlassen,

das Land überziehen, die Halme

zerschneiden, Hunde und Hühner

angreifen, Bäume fallen.

Den Tag, da die Türme

aus metallenen Mäulern schreien,

da die Zeiger der Uhren

hängen wie welkes Laub,

weil die Zeit ausgekauft ist.

Den Tag mit geschlossenen Augen,

da niemand sehen will Blüte

und Frucht in der gleichen Sekunde.

Den Tag mit verstopften Ohren.

da niemand hören will

das stufenlose Gerede zwischen

Grönland und Neuseeland.

Den Tag, da eine zweite Sonne

den Himmel tötet und alles,

was darunter ist.

20. 11. 69.

Novembermorgen

Morgengrauen,

das ist, wie das langsame

Umdrehen einer Hand:

Die Innenseite des Tages wird sichtbar.'

Das Dorf brütet dumpf

hinter weißen Mauern.

Eine Zeile gefiederter Bäume

hält mit schwarzen Krallen

den Saum des Nebels fest.

Nur ein ängstlicher Streifen

blasses Licht hat Platz

zwischen Wolkenkapuze und Nebelschwamm.

Die Straße läuft

vor den Augen davon.

Das Grauen am Morgen

ist wie das drohende Umdrehen

einer Hand:

Die Innenseite des Tages wird sichtbar.

27. 11. 69.

Leere

In den Löchern des Tages

zerkrümeln Staubsekunden.

Stundenreste,

aus Gläsern gespült.

Schmerzender Tropfenfall.

Unbesehene Spiegel

bleiben gegenstandslos.

Leere wuchert.

Zeitinsel

In der Erdbeben-Gesellschaft

redender Steine

suchst du mit Augen

weit und dunkel vor Angst

den Trost einer Tapetentür.

Ich habe für dich

eine Luftbrücke erfunden

aus Gedanken, die

zu einer Zeitinsel führt

und bringe dich hinüber

ohne ein Wort.

Gesicht in der Menge

Umriß eines Gesichts,

flüchtig nur,

wie mit dem Finger

in Sand gezeichnet.

Die steile Einsamkeit der Stirn.

Schmallippige Entschlossenheit

über dem Eigenbau-Kinn.

Die Flut

ferngesteuerter Mäntel

wischt alles weg.

Gelassenheit

Tage der Raben

ertrage ich gelassen.

Das Strickmuster Gelassenheit

rechts und links,

wie die Schritte

langsamer Wanderer -

schmückt die Stunden

der Rabentage.

Einen jungen Baum

kann ich pflanzen.

Ich kann nicht

seine Blüten

heraus klopfen.

6.-7.4.70.

Auf dem Leuchtturm

Dreihundert Stufen.

Turmhoch über den Möwen

lassen wir uns treiben

mit dem Wind.

Fröhliche Luftschiffer, wir.

Übersichtlich geordnet,

rot, grün und gelb,

die bekannten Teile der Insel.

Dahinter, sieh, das Unbegangene,

in graue Wellen gelegt.

Ein weißer Hauch von Angst.

Dorthin -

nur dem ausgestrecktem Arm nach

zur Nachbarinsel.

Ein Strich erst am Horizont,

kaum auszumachen mit bloßem Auge.

Pazienza - unser Ballon.

Unsere Kerzen

haben wir in den Wind, gehängt

wie Blumen.

Sie werden Frucht bringen.

Hab nur Geduld.

Lichtlose Jahre

(Für Ilse)

Amphibienleben.

Lichtlose Jahre

im Tangwald.

Von der Küste

einen blassen Schimmer.

Getrieben.

Hin mit der Flut

und her.

Wechselwarm das Blut

nicht Fisch und nicht Fleisch.

Schließlich die Küste,

die helle, gewonnen.

Die Wellen zertreten.

Die leeren Muscheln

mit anderen Augen...

Fortsetzung der Märchen

Sie wuchern frisch

aus den aufgerissenen Mäulern

leerer Konservendosen.

Systeme, märchenhaft,

werden übergestreift

mit lässiger Eleganz.

Das tapfere Schneiderlein

ist ein ausgelaufenes Modell.

Sich wohlfühlen

die erste Bürgerpflicht.

Schneeweißchen

wird rosenrot.

Beim Verzicht auf Reizworte

verschlägt es der Geschichte

die Sprache.

Kaulquappengespräche.

Hansel und Gretel

verirren sich im Baukasten.

Reingewaschen dein Kleid,

Pechmarie.

(Auch bis 60 Grad

keine Probleme.)

Fallada, da, du hangest,

wiehernd vor Lachen.

Rumpelstilzchen zerreißt sich

für die Frau Königin

und ihr Kind.

Die Stillen im Lande

Dazu erzogen,

leise zu leben.

Die Ideologie

der kleinen Räder:

Leicht auszutauschen,

geräuschlos und unauffällig.

Mit der Grammatik eingetrichtert:

Das Veilchen Komma

das im Verborgenen blüht Komma

Ist ein Sinnbild

der Bescheidenheit,

Später dann:

Parole "Nicht auffallen".

Beteuerungen, ja, wohlfeil

im Konjunktiv.

Bekenntnisse

auf der Zunge gewogen.

(Darf's ein bisschen weniger sein?)

Erzogen zur edlen Stille

des Kristalls in der Vitrine,

knurrt selbst ihr Magen

leiser

als der von anderen.

Luftstück

Ein lichter Wald. Schmerzlos

geht er in die Netz-Haut.

Das ist schwer zu erzählen:

In Worte fassen,

was die Wimper hält,

was Balken nicht braucht

und Buchstaben, um schwebend

zu überdauern den Augenblick.

Neu zu sehen ist nötig.

Beiläufig könnte ich

von Ästen und Blättern gehaltene

Luftstücke ausschneiden

und dir zu Füßen legen

im Wortrand, damit

du schwebest.

Mit handschriftlicher Widmung

1.11.78

Warten

Bleidächer die Wolken.

Vergebens der Versuch

der Schwalben,

sie aufzuschneiden.

Starr wartet Grün,

weit offen die Blattmünder.

Ein kleiner Zweig

beginnt zaghaft herbeizuwinken

den Regen Veränderung.

Traumtänzerin

Im milchigen Traumlicht

das feste Haus verlassen

und das warme Bad Gewohnheit,

Haar und leichtes Gewand

gebauscht vom Atem

aus den Nüstern des Tieres Wagnis.

Ein Glasperlenspiel

zu suchen an der Steilküste,

bedroht vom Absturz

zu den leeren Schalen der Muscheln,

ausgefressen von Raubmöven.

Tanzen im Takt der unruhigen Wellen,

die kommen und gehen

und mit jedem Pulsschlag

den Strand verändern.

März im Schöntal

(Aschaffenburg)

Früh am Morgen

streicht noch ein Februar-Hauch

wie ein verirrter Windhund

über die Wiesen,

lichtscheu und bissig.

Das kindliche Jahr

verbirgt seine Absicht

unter schwarzer, feuchter Rinde.

Vielleicht wächst es heraus,

prall und grün.

Der Magnolienhain,

eine Lokalgröße,

geht unter graugrünen kleinen Kapuzen

mit sich zu Rate.

Im gotischen Fenster

der Klosterruine zeichnen

Äste von Trauerweiden

ein Hieroglyphenmuster

in leichte Luft.

Forsythiengelbe Erwartung

späht über die graue Stadtmauer.

Zwischen dürren Büschen

übt der Pfau

sein Rad zu schlagen.

Spiegelbild

Gestellt

von dem Wachtposten Spiegel

hört sie den Anruf

"Qui vive";

sieht sie, haarfein erst

wie die steile Stirnfalte,

den Riss

zwischen Herz und Haut;

fühlt sie die Hand

auf der Schulter, schwer,

die unter den Atem

die Angst mischt.

Wo wir uns finden

Das fünfeckige Zimmer

im Hotel du Lys,

Rue Dutot, Paris 15me.

Helle Flecken

auf der Tapete

wie ein Sternbild.

Das Bett

um einen Körper zu breit

zur Abendzeit.

Das fünfeckige Zimmer

im Hotel du Lys:

Startblock der Gedanken.

Sie liegen schön

auf der Luft,

wiegen sich über der Champagne,

Sie begegnen dir

im Tal der Mosel vielleicht

wohl unter Linden.

So hoffen wir.-

Sicher aber ist nicht,

wo wir uns finden.

Ein einfacher Satz

Da war eine Stimme:

"Die Besatzung des Panzers

ist nicht zu erreichen".

Ein einfacher Satz,

der vorübergeht.

Scheinbar.

Ein einfacher Satz,

der aus dem Traum läuft.

Nichts

von Bedeutung.

Auf dem Weg

ins Gewohnte

ist er da.

An der Fußgängerampel,

die auf rot springt,

"Die Besatzung...

Bei den Broten

im Schaufenster,

beim Ischiasschmerz

in der Apotheke,

beim Blick in Gesichter,

"... des Panzers..."

In graue Gesichter,

drahtlos gelenkt,

ferngesteuert.

"... nicht zu erreichen".

Lange noch

geht die Stimme

neben mir,

während ich

einfache Sätze

formuliere und

die Wellenlänge anpeile, die

die Köpfe erreicht

hinter den grauen

Panzergesichtern

Ich achte auf Lauffeuer

Ich warte darauf,

dass einer kommt,

der vorgibt, Zeichen zu setzen

und Brände legt

an die Alleen.

Ich achte auf Lauffeuer,

rot bis zum Horizont,

auf den Funkenflug, der

übergreift auf die Dörfer,

zuletzt auf die Einöden,

Ich sehe die Scheiterhaufen

brennen in den Städten,

höre den Marschtritt

der Erschießungskommandos

in den Straßen vor Sonnenaufgang.

Einige werden fragen

nach der Botschaft der Lauffeuer

und in der Asche stochern,

die überall herumliegt,

grau und nichtssagend.

Durchgänge

Die gerichete Enge

zwischen hohen Schattenmauern,

Gewölbe mit blankem Pflaster,

ernst wie Prüfungsfragen.

Du musst hindurch

ohne zu wissen,

was du findest.

Wasser vielleicht,

schwarz vor Trägheit,

oder die alles fressende Nebelkröte.

Nachmittagsplätze vielleicht

mit Lichtspielen

und herben Platanen.

Vielleicht auch schließt jemand

ein Fenster

im Haus nebenan.

Für eine Weile

liegt noch Licht

auf den Scheiben.

Und du findest zu dir.

Einer setzt das Wort

Einer setzt das Wort,

das melancholische Messer,

an- Hirnrinde, Seelenbrache.

Aufgebrochene Krusten

vernarben im Handumdrehen,

unterm Atemholen.

Vergessen geht darüber

wie der Wind

über flandrische Mohnfelder.

Er aber wirft seine Messer

unbeirrt. Hoffend auf die Kraft

des Tropfenfalls.

Seltenheit

Seltenheit

für den Sammler von Eindrücken:

der fliederfarbene Abendhimmel

über der Großstadt,

Anfang November.

Über lärmenden Wortvehikeln

die Verfassung der Stille.

Der Anspruch auf Glück.

Unter dem Meer

Angekommen bei Nacht

in der Stadt

unter dem Meer,

in dem Haus

für zwei blaue Fische.

Wir rücken die Dinge zurecht,

geben manchen von ihnen

neue Namen,

öffnen Fenster und Gitter.

Morgen wird uns

die weiße Stimme

des Windes wecken.

Wir brechen auf

mit den fliegenden Fischen.

Niemand hat uns gesehen,

aber die Stadt hallt wider

vom Schatten unserer Schwimmzüge.

Und über den Tangwäldern

meldet das Licht

sich zu Wort.

Beschwörung

Wörter wie Hände

an den Rand

der Dinge legen,

sie zu umspannen.

Nicht zu begreifen,

nicht zu besitzen.

Beschwörung geschieht

durch Handauflegen

Keine Zeichen

Der missratene Sommer

hinterließ keine Zeichen

für Auguren der Veränderung.

Der fortwährende Regen

Wusch, das vertraute Muster

der Vogelschwärme aus.

Vorübergehend wie Wasserfarben

und Hundegebell. Die Zeichendeuter

haben das Nachsehen:

Abhängig vom Ungeschriebenen,

gesprochen in alle unsicheren

Richtungen des Windes.

Schneereste

Schneereste

auf den Schollenäckern

neben der Straße.

Wie unerforschte Gegenden

auf den Landkarten.

Kaltes Licht hinter Wolken.

Kein Schatten, der

etwas Genaueres erzählte.

Das Nächstliegende

bleibt unbekannt.

Ankommen

(für Ilse)

Nach langer Fahrt

über dünnes Eis

ankommen

in der Stadt,

die deinen Namen trägt,

In dem Haus,

wo der Wechselstrom

unseres Blutes das Licht

entzündet und löscht.

Die Falltür

Festgefügt die Gedankenbalken,

kein Platz für Sickerwasser.

Eingekerbt die Spur der Jahre.

Plakatierte Symbole -

Milan und Alttier -

markieren den Rundwanderweg.

Du kannst große Schritte machen,

kommst auf sicherem Boden gut voran.

Klingt etwas hohl?

Da ist die Fährte von gestern,

die gern wiederholten Gedankenschritte,

und. lautlos bei einem Wort -

sagen wir "Liebe" -

tut sich der Boden auf,

fällst du in Finsternis.

Du kannst von Glück sagen,

wenn dein Entsetzensschrei

Erschrecken weckt und Erkenntnis.

Andere stürzen ins Messerwerk

leerer Formeln.

Am Floßhafen

Denk dir den Schornstein

weg. Es macht keine Mühe.

Sieh' nur den Auwald,

sein vielfarbig brennendes Grün,

und das stille, trübe Wasser

des früheren Floßhafens

mit seinen Weiden.

Warte aufs Abendrot

über dem Schnee

der Felsengebirge-Wolken

und auf das lautlose Kanu.

Hast du nicht so dir erträumt

die Ewigen Jagdgründe?

Zwei Körper

Zwei Körper

nebeneinander.

Mit geschlossenen Augen

vom anderen wissen.

Schwebendes geht

über die Brücke

der Fingerspitzen.

Zwei Körper,

zwei Instrumente.

Wellen und Schwebendes

werden zu Wort und Klang.

Aufgehoben

(Glücklichsein beginnt immer ein wenig über der
Erde...Karl Krolow)

Aufgehoben sein in dir,

im Schutz deiner Hände

auf meinem Rücken.

Spazierwege, grenzenlos,

eine Handbreit

über dem Planeten.

Ohne Worte.

Denn Glücklichsein heißt auch

staunend aufgehoben

und eins sein

im Schweigen.

Wie ein Volkslied

Der Tag klang

wie ein Volkslied.

die vier Strophen

einer schlichten Melodie.

Morgen und Mittag,

Abend, und Nacht,

gefügt aus alltäglichen

Worten, aus Schritten

bei wechselndem Licht.

Alle reimten sich

auf dein Lächeln

beim Erwachen,

auf das Licht

deines Haars,

auf das Schwingen

deines Kleides,

auf den Geruch

deiner Haut.

Dahinter

Ich führe dich

hinters Licht,

damit du die Schatten

genauer siehst.

Ich zeige dir

die Kehrseite

der Medaille.

Auch sie hat

ihr geprägtes Profil

und ihren soliden Klang.

Bei geschlossenen Augen

(Lago Maggiore, September 1972)

Die Sonne frisst

das Fleisch von den Stunden.

Bei geschlossenen Augen:

Lautloser Farbentaumel

wird weißer Triumph.

Nur dass der See

unablässig und nutzlos

seine Stirn an die Kaimauer schlägt,

erinnert an Dunkles.

Abschied von der Insel

Vom sich entfernenden Schiff

sind die Birken am Südstrand

im Dunst nur zu ahnen.

Seezeichen geben dem Suchenden Halt.

Das Auge findet die Kugelbake -

Lautlose Schritte im Sand,

das Auf und Ab der Stufen,

sich nähernde Worte,

der Trost ruhiger Atemzüge. -

Der letzte Blick

auf den Hafen

trifft einer Spundwand

rostende Finger.

Sie geben der Insel Halt

und wehren den Wellen.

Beschwörung

Leg deine Hände

auf die Haut der Statuen,

die kühle,

und nur die Fingerspitzen

an den Rand der Dinge.

Versuche nicht, Mitglied

der Laokoon-Gruppe

zum Beispiel zu werden.

Die Schönheit eines Körpers

ist nicht zu besetzen.

Genug ist: Begreifen.

Beschwörung geschieht

durch Handauflegen.

Die Muschel

An manchen Tagen

nehme ich die Muschel

in meine Hand,

die du am Strand zerbrachst.

Ich betrachte die Farbe -

sie bleicht nicht.

Mit den Fingerspitzen

prüfe ich die Riffeln -

sie werden nicht flach.

Unverändert ist auch

der schwarze Fleck

an der Innenseite.

Ich weiß:

du hast die andere Hälfte.

Die weißen Steine

Die Nacht

rief uns Namen zu

in der Sprache des Windes.

Wir nahmen sie an -

heller Hauch

auf die Stirn;

getauft mit Tau.

Wir nahmen sie an

wie die weißen Steine,

geschenkt von unbekannter Hand,

nicht geworfen

wie die flachen,

die hell übers Wasser springen,

aufblitzen, vergehen.

Die weißen Steine,

beschrieben von unbekannter Hand

mit den Namen

in der Sprache des Windes.

Wir verstecken sie

in unseren Kleidern

nahe dem Herzen.

Angeregt von der Offenbarung des Johannes Kap. 2,
Vers 17: "...und will ihm geben einen weißen Stein und
auf den Stein einen neuen Namen geschrieben, wel-
chen niemand kennt denn der ihn empfängt".

Mond und Wolke

Die Regenhand, grau,

greift plump

nach dem Mond.

Der frühe Abend

verliert nichts

von seinen ruhigen Farben.

Die Claudius-Erfahrung:

Es gibt ihn,

auch wenn unsere Augen

ihn nicht sehen,

hell und beständig

mir zur Seite

wie die ferne Geliebte.

Frau in den Dünen

(nach Karl Schmidt-Rottluff)

Dunkel, kantig und schlank

ragt sie

vor den weichen

hellen Wellen aus Sand.

Die Hand im Haar

wehrt dem Wind.

Unter den Schritten

die kleine Veränderung.

Stenogramm einer Landschaft

Baumkürzel im Schatten.

Die kleine Veränderung,

Schritte und Schatten,

Zeichen im Sand.

Deine Silhouette, weich

vor den Dünen.

Stenogramm

einer Inselzeit.

Bleiben dürfen

Den Mantel nur

ans Fensterkreuz hängen.

Bewegung der Hand,

die nichts begehrt -

keinen Besitz -

außer bleiben dürfen

auf unbestimmte Zeit,

geborgen bei dir,

wenn draußen

der Salzregen fällt.

Erinnerungs-Sonate

(Für Ria)

I. Allegro ma non troppo

Noch immer

halten wir zu unserem Glück

die Stunde fest,

da wir über die Grenze gingen.

Das Bild eines Pferdes

im leichten Trab.

Es springt über den Schatten

einer Ulme,

die vom Blitz gespalten.

Leicht und genau

prägt sich die Spur

in den Boden.

Wir tasten sie ab,

zärtlich, mit Fingerspitzen,

um nichts zu zerstören.

II. Andante cantabile

Noch einmal

gehen wir durch jene Tage,

schlank und hell wie Kiefern,

die erst in der Höhe dunkeln.

Noch einmal

halten wir unsere Gesichter

in den Wind vom Meer,

der unsere Augen prüft.

Noch einmal

sehe ich unsere Profile

aus der grünen Luft geschnitten,

einander zugewandt.

Noch einmal

schimmert wie Perlmutt

dein Körper im Mondlicht,

geöffnet für mich.

Noch einmal

und immer wieder

fragt uns ein Morgen

nach Wegen und Worten.

III. Vivace

Wir müssen eine Sprache

ohne Frost erfinden.

Es genügt nicht,

ein Loch zu hauchen

in die Eisblumen-Konversation.

Ein neuer Klang

aus Mai-Akkorden,

lang anhaltend, wird beschreiben

die leuchtende Insel Erinnerung

unter der immergrünen

Orchideen-Flagge.

Unsere Wege

Die Wege,

die wir uns suchten,

zwischen Birken und Moor.

Der Wind

facht das grüne Feuer an

wie ein Kuss.

Möwe, weißer Vogel Hoffnung,

liegt wartend und ohne Regung

auf der Luft.

Was in uns leicht wird,

schwebt aufeinander zu.

Die kurze Hochzeit unserer Schatten,

Seitdem

schaue ich aus deinem Gesicht,

sprichst du aus meinem Mund,

leben wir mit einem Atem,

geht jeder im Schatten

des anderen mit.

Brief

Wir entkommen dem Alltag

in eine Briefstunde.

Durch Papierwände gehen.

Unsere verletzten Konturen

werden sichtbar.

Unsere Hände im Dunkel

sind voll von Muscheln

und Erinnerungen.

Dein Gesicht ist fern

und zu dunkel,

um darin zu lesen.

Unser vieräugiger Morgen

wartet noch

hinter vielen Abendtüren.

Nocturno

Versunken

in deinen Leib,

geneigt

über dein Gesicht

sehe ich Zeit

steigen aus deinen Augen,

langsam und dunkelblau.

Blickstufen, mir

über den Mund

und die Stirn;

dahinter der schwarze,

schweigende Tränenteich Angst:

Never more

in deinem Leib,

in deinen Augen,

in unserer Zeit?

Im Gegenwind

Früher lehnte ich mich

an die Zeit

und hörte zu.

(Anna Maria, ferner Name,

wie dunkle Glocken)

Heute, im Gegenwind,

lehne ich mich auf,

stemme mich gegen ihn.

Er greift mir ins Haar,

ins Gesicht.

Wir durchdringen uns

wie Liebende.

Aber ich komme voran,

werfe einen Windschatten.

Raum für dich,

zum Atmen und

für unser Leben

hart am Wind.

Das Bleibende

Manchmal meine ich,

Sand im Munde zu spüren,

wie an jenem Tag

in den Dünen.

Dann wieder liegt das Meer

in der Luft. Sein Salz

brennt auf den Lippen.

Zuverlässig wie ein Echo

stellen sich lebende Bilder ein.

Bleibt sonst nichts?

Gab es nicht Blicke,

Worte zur gleichen Zeit?

Es sind nicht die Bilder,

die Lieder, der Duft voller Blumen.

Unfassbar aber wie sie

ist das Bleibende.

Nenn' es: Das Kernetauschen.

Wir waren einander

grabende Hände, sorgsam.

Wir fanden des anderen Kern,

wie eine weiße Mandel.

Ich nahm dich auf,

du senktest mich in dein Blut.

Geborgen im anderen

bleiben wir ruhig

mitten im Leben.

Momentaufnahme

Ich möchte den Moment beschreiben,

in dem sich die Morgenwolken

öffneten wie ein Mund,

und das Licht

sich in unser Gespräch mischte.

Wir, gestrandet im Niemandsland,

nur uns zugetan,

nur unserer Worte mächtig -:

in diesem Moment

fühlten wir uns verstanden.

Unsere Zeit

Es gab einmal Tage

mit vierzig und mehr Stunden.

Die doppelt erlebte Zeit

schlägt zu Buche.

Minuten und Sekunden

schafften wir ab.

Dem, was verging

zwischen unseren Worten,

unseren Körpern,

gaben wir Ortsnamen.

Noch heute pulsiert

der neue Rhythmus

zwischen uns in geheimen Kanälen-

Aber wir gehen

mit gefesselten Füßen

auf einander zu.

Im Februar unseres Lebens.

Es tag noch nicht

über dem Treffpunkt.

Unsere Zeit reift langsam.

Windstille

(Cannobio/Lago Maggiore)

Windstille. Träge hängt

die Trikolore am Mast.

Der See macht sich nicht

die Mühe großer Bewegung.

Eine Dunstbank

belagert Ascona.

Hoch aber darüber, sieh,

die beständige, weiße Linie

eines beschneiten Grats

hart und genau

aus dem Himmel geschnitten,

wie ein Schwur.

Treffpunkte

Geometrie der Lebenslinien.

Schnittpunkte.

Treffpunkte.

Auf dem Leuchtturm vielleicht.

Seiltanz auf Strahlen,

die sich berühren im Unendlichen.

Auf der flüsternden Birke vielleicht,

wahrsagend

unter der Waldkauzmaske.

Beim Muschelsammeln vielleicht,

die eine suchend,

die auf uns wartet.

In den grünen Wäldern der Eifel vielleicht

beim Bau einer Laubhütte

in Erwartung des ersten Sterns.

Brunnenstube

Der Abend nahm im Näherkommen

die Farbe unserer Haut an.

In der Brunnenstube

waren wir windgeschützt.

Offen aber wie Küstenländer

unsere Gesichter.

Den hellen Akkorden

der galoppierenden Sätze

am Nachmittag

folgten die dunklen Worte,

die du gerufen,

dass sie den Gram verjagten.

Der Druck deiner Hand

auf meinem Arm

steuert die Blicke,

die sich verfingen.

Ein Augenblick.

Per sempre.

Borkum, 7. Mai 1973 -

Die Zeitinsel

Schaumgeboren,

entstiegen der Muschel,

glänzt wie Perlmutt

die Küste am Abend.

Sahst du sie schweben

über dem Wasser,

unerreichbar

den Zähnen der Wellen?

Brandung in uns

und die Wärme

des Sandes danach -

wie die eines Körpers.

Zeitinsel für uns,

Dein Haar im Wind

unsere Flagge.

Inselzeit unser Besitz.

Graue Verse

Der Tag kommt nicht zu sich

und nicht zu uns.

Verdämmernd bleibt er

auf Distanz. Grau.

Das Rot der Dachziegel ist verwaschen.

Regen kündet sich an.

Atemlos lauscht der Garten.

Langsam fällt

vom Nussbaum ein Blatt.

Des Nachbars Taubenschwarm

zieht aufgeregte Kreise:

Grau flirt vor Grau,

Bewegung kehrt zurück.

Wir gehen zwischen Möbeln

und Bildern, vertrauten Versatzstücken,

vergewissern uns, noch

im Leben zu sein,

bemüht,

die Distanz zu verkürzen.

Der Liebende

Begierig

nach dem bei kleinen Freuden

aufglimmenden Grün

im Hintergrund deiner grauen Augen

ersinn ich die Farbe

Gelb

für die Luft zwischen den zarten Zweigen

des Pflaumenbaums.

Lege ich meine Hände

an das Haus, und aus den Fenstern

wachsen grüne Orchideen.

Kratze ich die feuchte Schwärze

von Baumstämmen.

Schreib ich mit Kreide

Schwebende Wörter in die Luft.

Tanz, zum Beispiel, und Traum,

Bahndamm und Wiese.

Aber mit blauer Schrift auch

Nachtschatten und Angst.

Lauffeuer

Es wird einer kommen,

der vorgibt, Zeichen zu setzen

und Brände legt

an die Alleen.

Achtet auf Lauffeuer,

rot bis zum Horizont!

Groß wird das Aufsehen sein

und zahlreich die Fragen

nach der Botschaft.

Die Antwort

nichtssagende Asche.

Interieur

Auf dem cognacfarbenen Teppich
verdunstet die berauschte Zeit.

Braune Zweige in der Bodenvase
starren sich mit kleinen Blüten an.

Über die Flusslandschaft
an der Wand bricht der Abend herein.

Durch die angelehnte Tür reitet
Kinderlachen auf einem Lichtstrahl.

An den dunklen Schrank gelehnt,
nehm ich die Witterung auf der berauschten Zeit.

Rückblick

Vorbei am November

und aus allen Nebeln gefallen.

Die Spur im Schnee zielt

auf einen wieder klaren Himmel,

lichtblau und kalt.

Wie früh im Jahr:

Tage wie Hinterglasmalerei.

Transparenz farbiger Stunden.

Kleine lichte Dinge

in den Vordergrund gerückt.

Breit dahinter die Nachmittage,

rot oder blau.

Anämische Tage folgten.

Stahlstiche kamen in Mode.

Verletzlich

ist die Vogelfluglinie

unserer Gedanken...

Durchgänge

Die gerichtete Enge

zwischen hohen Schattenmauern.

Gewölbe mit blankem Pflaster,

ernst wie Prüfungsfragen.

Du musst hindurch,

ohne zu wissen,

was du findest.

Wasser vielleicht,

schwarz vor Trägheit,

oder die alles fressende Nebelkröte,

Nachmittagsplätze vielleicht

mit Lichtspielen

und herben Platanen.

Vielleicht auch schließt jemand

ein Fenster

im Haus nebenan.

Für eine Weile

liegt noch Licht

auf den Scheiben

Und du findest zu dir.

Rufe

Immer folgen den dunklen Rufen der Schiffer
Stern und Nacht.   Georg Trakl

Die dunklen Rufe

kommen nicht mehr an

(wenn es sie gibt).

Wir haben uns abgeschirmt

mit Vorwänden aus Lärmquadern.

Das pfeifende Geräusch

rasch bewegter Körper.

Lustschrei aus Lautsprechern.

Paukenkonzert

des Leistungsorchesters.

Ohrenschützer werden angeboten

aus nackten Leibern.

Nur Träumer berichten manchmal

von verstümmelten Funksprüchen.

Zwischen den Jahren

Der Sekundenschritt zwischen den Jahren,

der den Rauchvorhang teilt,

geschminkt mit Bedeutung,

was ändert er?

Zeigt ein Spiegel

den neuen Menschen?

Ist die Python Angst,

unser Haustier, gezähmt?

Säubern die Messerwerfer

nur ihre Fingernägel?

Verbrennen die Feuerschlucker

sich an ihren Lügen?

Pflücken die Folterknechte

Blumen und Früchte?

Werden aus Blei

nicht mehr Kugeln gegossen?

Von Vorsätzen und Kanonenschlägen

bleiben zuletzt leere Hülsen.

Ich stecke die Orakel

an meinen alten Hut.

Übe die einsamen Künste:

Den Stein des Anstoßes behauen,

Wortfallen stellen,

Lassowerfen hinter der grauen

Schaubühne Alltag,

den Rappen zu fangen,

den noch unbenannten,

der die Blumen des neuen Jahres trägt.

Wortfallen

Ich stelle Wortfallen

in die Neonfinsternis

der Betonschluchten,

Menschen zu fangen:

Die mit den Herbstgesichtern,

die mit dem Sekundenzeiger auf der Stirn,

die mit den Hirnen voll nackter Leiber,

die mit den rechteckigen Augentransplantationen,

die mit Kaufzwang-Lepra geschlagenen.

Es ist Zeit, mit ihnen zu sprechen,

ehe sie sich nicht mehr finden.

Datumsgrenze

(für Ilse zum 5o. Geburtstag)

Jenseits der Datumsgrenze

werden die Tage länger.

Erinnerung dehnt Sekunden,

Schritte,

gesetzt mit Bedacht,

nehmen sich Zeit

für ein doppeltes Echo.

Unter dem Wortgewebe

treten Bedenken hervor

wie Adern

unter der Haut.

Schmerz,

der unruhige Nachbar, stört

trotz seiner vertrauten Geräusche

mit einem Mal mehr.

Spaziergang auf der Schattenlinie.

Wir wollen

die Nachmittags-Etüde

üben, - Vierhändig.

Andante ma non troppo.

Konversation

Milchglaswörter klingeln

über dem Continuo Misstrauen:

Harmonielehre für taube Ohren.

Versatzstücke springen

aus den Schaufenstern: schlendern

durch die Einbahnstraße Gedächtnis.

Hochkarätiger Sand rieselt

ins Wortgetriebe;

rhythmisch jedoch und sehr agil.

Gespräch gerinnt:

Artikuliertes Zeremoniell. -

Stunde für den Scheiterhaufen.

Planlandschaft

Kein Museum

bewahrt Bachläufe,

verspielt wie Kinderlieder,

mit tanzenden Weiden.

Selten geworden

ist der absichtslose

Schattenwurf

einer behäbigen Rotbuche.

Hier und heute misst man

den Schattenrekord

rasch wachsender Gehölze,

plant den Freizeitwert

grüner oder roter Bänke,

aufgestellt

für die Schnellrast

einer quicken Gesellschaft.

Lebt sich leichter

Gelber Lichtschrei:

"...lebt sich leichter mit..."

Schlag aufs Auge -

am Leben vorbei.

Wer denn,

wer könnte wägen,

ob es sich leichter lebt

mit Klebeband beispielsweise

im Gefängnis von Barcelona

oder auf den weißen Inseln

der Ägäis

unter dem Gespött der Sonne?

Schweigespirale

Das stürmische

Omen klopft an. Rot.

Puls und Blut.

Flirrendes wird abgeschossen

vom Nervenbogen aus Flachs.

Gebrochenes Material.

Das kommt wieder. Schreien

will es,

mit verbogenen Lippen.

Wach wird und warm

der Wunsch zu fliegen.

Blau statt Rot.

Du bist nur vertraut

im Umgang

mit gebrochenen Flügeln.

Unter der Zunge trocknet

Verzicht. Die Schweigespirale

spannt sich von Schmerz zu Schmerz.

Die Sandbank

Die hellen Kämme der Wellen

verraten die Untiefe

über der Sandbank.

Die Flut überspielt

die Veränderung.

Sie wird kommen.

In den ruhigen Stunden

der Ebbe sieht man,

wie nah sie ist.

Man kann berechnen,

wann Insel und Sandbank

eins sein werden.

Landüber, landunter

Landüber gegangen

im windigen Mittag.

Gezerr in den Büschen.

Beschwerliches Gehen

auf Wegen, ausgewaschen,

mit Heu ausgelegt.

Friede maskiert sich

als gesprengter Bunker.

Für uns noch kein Haus

und kein Herbst.

Die Füße gefesselt

im blassen Heu.

Stunde der Verstrickung.

Später versunken

bis über die Knie,

bis über die Brust.

Am Abend: landunter.

Vorfrühling

Hellblaue Träume greifen

mit kühlen Fingern

in den braunen Schlaf

der Ulmen

Schneereste an Nordhängen

sind so paradox

wie weiße Schatten.

Eine Pappelallee macht

aus Gedanken Lerchen.

Sanfte Birken schlagen

die Augen auf

wie junge Mädchen.

Man ist uns nicht grün

Noch habe ich keine Ahnung

vom Sommer,

wenn auch der Garten

Farbe bekennt.

Es kann sein,

dass einer die Luft anhält.

Man ist uns nicht grün.

Einen Vorrat anlegen

von Bitten und Beteuerungen,

damit die Blüten

ihr Versprechen noch einmal halten.

Keine Zeichen

Der missratene Sommer

hinterließ keine Zeichen

für Auguren der Veränderung.

Der fortwährende Regen

wusch das vertraute Muster

der Vogelschwärme aus.

Keine konstante Größe.

Vorübergehend, wie

Wasserfarben und Hundegebell.

Die Zeichendeuter haben

das Nachsehen,

Abhängig vom Ungeschriebenen,

gesprochen in alle unsicheren

Richtungen des Windes.

Inselzeit

(Zwölf Gedichte für R.K.)

I.

Der Tag macht nicht viel Aufhebens

von seinem Licht.

Er tut das Selbstverständliche:

Wellen bewegen.

Langsame Schritte

entlang der Wasserlinie,

nachdenklich und bewegt

wie von Wellen.

II.

Als der Abend

dem Himmel Grenzen setzte,

stiegen vom Meer

die scharfen Konturen

unserer Inselzeit auf.

Im Dunkel suchten wir Trost,

geborgen in den Mänteln

aus unserer Haut.

Erst später

das wortlose Einverständnis:

Die ineinander gelegten Hände.

III.

Verirrt in den Dünen

lachend ankämpfen

gegen den Wind.

Lachend auch

den Sand spüren

zwischen den Zähnen.

Wir müssen das Lachen festhalten

wie unsere Mäntel.

IV.

Im Museum fanden wir

unter dem Meeresgetier

eine Venusmuschel.

Wir dachten und sprachen

im gleichen Augenblick

von Boticelli.

Wir sahen,

wie der Vorhang der Fremde

sich hob und unsere Augen

ohne Hindernis zueinander fanden.

V.

Den Weg zum Südstrand

gingen ·wir mehrmals.

Die schmerzende Frage nach dem Wohin

stellten wir immer wieder.

Sand und Muscheln,

von Möwen zerrissene Krabben,

Stechginster, verkrüppelte Weiden.

Inselzeit besteht aus Möwentagen.

Schweben im Aufwind.

Unvermittelt danach

der schmerzhafte Schnabelhieb.

Schwerelos leben

können wir nur

für kurze Zeit.

VI.

Unterwegs zur Mitte

der Insel

stellten sich Worte ein

wie Wegzeichen.

Die verabredete Folge

heiterer Grüntöne,

der Laut

eines abgebrochenen Zweigs,

die nüchterne Ansprache

des Wegweisers.

Ich sehe das Ziel

mit deinen Augen.

VII.

Wir sahen das Meer reglos.

Das Pendel angehalten

in der Mitte der Gezeiten.

Die Ebbe war verebbt,

die Flut machte sich fern

auf den Weg

mit kleinen weißen Schritten.

Einen ruhigen Augenblick

schaute uns das Kommende an.

VIII.

Diese leere Stunde.

Der Tropfenfall der Minuten

scheint auszusetzen.

Es ist beunruhigend,

am Strand zu gehen.

Schritte ohne Echo

wie im luftleeren Raum.

Das Meer wendet sich ab,

gleichmütig wartend.

Die Promenade

ist leer von Gesichtern.

Ich suche dich.

IX.

Der Leuchtturm

mit der roten Mütze

ist unser Freund.

221

Nachts geben die Lichtspeichen,

die über der Insel kreisen,

dem Dunkel helle Ränder.

Am Tag

erinnert er uns

an Aussichten.

X.

Mitten im Satz

hieltest du inne

und schautest mich an.

Die Schatten

fielen wie immer.

Wir aber spürten,

was sich verändert

zwischen zwei Worten.

Den Sekundenbruchteil,

in dem eine Wunde

beschließt zu heilen.

Genesung hebt an,

besprochen mit Worten der Liebe

wie Blut zu Blut.

XI.

Mit geschlossenen Augen

in den Dünen liegen.

Die sanfte Berührung

der warmen Körper.

Der Wind vertreibt die Zeit.

Unmerklich wandern die Schatten.

Hier und da

geht ein Satz vorüber.

Allegro ma non troppo.

Zu reden aber

ist nicht erforderlich.

Was keine Worte braucht,

kann man nicht beschreiben.

Zum Beispiel Glück.

XII.

Das Meer

löscht die Zeichen aus,

die wir in den Ufersand gruben.

Der Ginster verblüht,

die Birken werden

ihre Blätter verlieren.

Einige sterben.

Meine Erinnerung

hat keine Jahreszeiten.

Wer hielte das Vergängliche fest,

wenn nicht die Liebe?

Zuneigung

Dir zugeneigt und

deinen Augen;

Dir zugetan und

deiner Stimme

sehe ich Zeit entstehen

aus Wortzwischenräumen -

und gelassen verstreichen

mit unserem Atem.

Feierabend

Mit Anstrengung freundlich

denkt er an Segel,

weiß vor dem Wind.

Acht Stunden nützlich

in der Kette.

Tod nach Tarif

in Aussicht.

Feierabendgedanken

an Segel davor gestellt,

gebauscht von der Brise Angst.

Obertöne

Manche Wörter

Haben Obertöne.

Ungewiss ist,

wer sie empfängt

jenseits der Schallgrenze.

(Nur die Hunde

heben unruhig

ihre Köpfe.)

In den gesicherten Grenzen

Des Landes Akustik

Sucht man Formeln vergebens.

Auch sticht niemand

Noten für Windharfe.

Die Jahre, die Ringe

1.

Eines Tages,

in einem achtlos begangenen Hohlweg,

fiel uns das Reden schwer.

Wellenschwund ließ

Die Wörter sterben.

Geschminkte Lügen

Ohne Hand und Fuß

Gaben schließlich auf.

Lautlos zerriss

das verdorrte Land

zwischen uns.

2.

Der Vergangenheit Pläne

gingen uns nach.

Trommeln und Marodeure.

Auch zwischen schweigenden Körpern

Züngelt gelb der beredte Tag.

Manchmal betrachten wir

Abends den Staub

auf unseren Schuhen

und das Kleid

aus dem Stoff des Alterns,

die zweite Haut.

Die Jahre, die Ringe.

3.

Eines Tages

warf ich ein Seil

über den Graben,

geknüpft aus Lettern.

Die Trasse der Luftbrücke.

Was leicht wurde an uns,

ging hinüber,

fand sich schwebend wieder

zwischen zwei Atemzügen.

Unsere neuen Worte

tragen Laub

und Vögel nisten

in ihren Schatten.

Unsere neuen Worte

wissen vom Tod,

den wir in unsere Mitte nehmen,

jetzt ohne Furcht.

Das neue Ufer

Unbemerkt von den anderen

hat der Plöner See

eine Insel geboren,

dunkel und namenlos.

Deine Worte

gehen leichtfüßig hinüber,

ordnen das neue Ufer,

rücken Erkanntes ins Licht,

geben ihm Namen,

laden mich ein.

Mit offenen Augen

Vertraut mit den Zeichen,

die ohne Waffen abwehren

die namenlose Gefahr

aus den Schichten

der Luftkämpfe, wo

die Sprossen der Sprache enden,

klebe ich blaue Tauben

an die Fensterscheiben

und schwarze Falken.

Mit offenen Augen

ablesbar wie ein Gedicht.

Manche lachen darüber.

Blindlings rennen sie

die Köpfe sich ein

an Luftbausteinen.

(für Heinz Piontek)

Leere

In den Löchern der Tages

zerkrümeln die Staubsekunden.

Stundenreste

aus Gläsern gespült.

Schmerzender Tropfenfall.

Unbesehene Spiegel

bleiben gegenstandslos.

Leere wuchert.

Intermezzo

Efeu verdeckt die Schussnarben

in der Ziegelmauer. Nichts mehr.

Kein Gedächtnis der Opfer.

Im Gras spielen Kinder. Reich

ist die Apfelernte. Vertrautes Bild:

Das Obst schlägt auf in den Städten.

Ein leichter Rauch ohne Feuer

verrät versteckte Gefahr. Schwelbrände

lauern im braunen Unterholz.

Der Pantomime

1.

Die schnippische Lust,

Zeit zu zerbröseln.

Nur so. Ins Blaue.

Beifall für die Antwort

Auf den Ruf

der Fledermäuse,

Blütenschnee

Aus den Fingern schütteln.

Der Wunsch,

davonzulaufen,

immer

auf der Stelle.

2.

Das Kokettieren nur

mit leeren Taschen,

dem beraubten Wortschatz.

Die Volte nur

vor dem Spiegel Zerstreuung.

Steckt sich einer

wenigstens

eine Karte ein?

Das langsame Krümmen

Zum Fragezeichen.

3.

Aus dem Stegreif

Antwort geben

Auf das Schweigen

Der versteinerten Figuren

In den Maschinenparks.

Vorzeigen,

wie Gesichter sich ändern

hinter Hochhausfassaden.

Sich stellen.

Erste Person, Einzahl,

Gegenwart.

Ins Abseits.

Ins Schwarze.

4.

Sie werden kommen

und ihn holen.

Ihn verrät das weiße Wappen

seines Gesichts,

geteilt

von der dunklen Brücke

der Augen

und der stillen Welle

der Lippen.

Sie werden ihn holen

Und töten

Wegen lautlosen

Landfriedensbruchs.

Fingerzeig

Aufwärts! Wohin aus dem Schacht?

Zu den Dächern, den erfundenen

Landstrichen vielleicht, Asturien

Oder Zimbabwe, hinter den Wäldern.

Rauchgraue Möglichkeiten schlagen dort

Morgens verwildert die Augen auf. Vorsätze

Und Fußangeln. Nicht zu vergessen.

Die Fingerzeige zu den unsicheren

Landstrichen, wortlos.

Steinsetzung

Nomaden setzten Steine

an den Wüstenstraßen,

den Karawanen

ihren Weg zu weisen.

Sie hielten inne,

wenn es Zeit zum Halten

und ihre Führer

trauten Steinen und Gestirn.

Wir stellen Worte

an die Straßen, die wir gehen

und hoffen, dass sie einer liest

und innehält und denkt,

was hinter ihm,

was vor ihm liegt,

dass er den Weg,

den er gesucht, auch findet,

vertrauend Wort und Stein und Stern.

Pavane

Ahornzweige drängen sich

Ans Fenster, um die Lampe drinnen

Musikanten

Und die Geister der Matrosen,

die in Genuas Hafenkneipen

die Pavane tanzen mit den Mägden.

Die Pavane, die aus Padua

Hergeflogen kam, noch namenlos

Und neu, mit einem Augenaufschlag

Unter der bestickten Haube.

Hergetanzt mit Stiefelstampfen

Und dem Schwung eines Studentenmantels.

Hergeschritten frei

im grünen Wehen aus Pfeiffenklang

und braunen Gambenbändern. –

Seht den endlos langen Zug

Der Tänzer um die Lampe

und der Ahornzweige grünes Weh'n.

Die Nichtssager

Ich sehe sie am Morgen,

die Nichtssager, die Zöglinge

aus den Wohnwaben.

Betrunken von der Bilderflut

sind sie nicht bei sich

und nirgendwo.

Ich sehe sie am Abend,

die Normgesichter mit Asche

beschmiert, auf der Stirn

klebt ein toter Falter.

Vielleicht haben sie Durst

auf ein kleines Gespräch

mit Nachbarn, auf ein Bier

im Gasthof zum Anker.

Aber wo er liegt,

ist ihnen entfallen.

Wortfallen

Im sprachlosen Niemandsland

hinter den Salzgärten: Wortfallen.

Die polierte Oberfläche

der Grammatik verführt

nur zu flüchtigem Abenteuer.

Auch Beschwörung

kam aus der Mode.

Auflauern den Schweigenden,

müde der Kommandosprache

klirrenden Formeln.

Sich besinnen der vergänglichen

Schönheit von Sonnentau.

und des zerbrechlichen Charmes

von Buchstabengittern,

aus denen Licht lockt.

Menschen fangen

mit Lautködern.

Ohren erlösen.

Licht in Augen

streuen statt Salz.

Ohne Hoffnung, vorläufig,

über das Wort hinaus.

Kurpark Baden-Baden

Der Rasen ist wie geleckt.

Kurgäste und Stiefmütterchen sitzen

unbequem in großen Bogen herum.

Fontänen blühen aus Fontänen.

Die vereinte Wasserkraft besiegt

Straßenlärm und Schmerz.

Als der Dampf der Quellen

durch die Gassen zog,

sagt man, erstickte die Pest.

Die Gäste büßen für ihre Sünden

von Gestern mit lauwarmem

Wasser ohne Geschmack.

Schaufenster nehmen die langsame Parade ab,

Juweliere stehen Schlange,

Buchhändler und Couturiers.

Die Beschreibung des Großherzogtums Baden

und Glas aus Böhmen. Das Lied der Heimat

von der Memel bis zur Weser.

Porzellan schaut sprachlos zu.

Soviel Gestern

auf einen Streich.

Nachsaison

Septembermitte

und die entvölkerten

Kontinente der Algen.

Blesshühner zeichnen

lebende Bilder

auf die Wasserfläche.

überraschend greift

der Wind dem Uferschilf

in den Schopf.

Nachsaison

erleichtert die Orientierung

zwischen der verlassenen

Karawanserei der Wohnwagen

und dem schmalen, einzelnen Segel,

das langsam den Augen entgleitet.

Hauptbahnhof, z.B. Frankfurt

Bahnhöfe haben die gleichen

grauen Gesichter.

Steingewordene Regenwolken.

Eine Woge alltägliches Gerede

kämpft sich durch Berge

feuchter Luft.

Blasse Tauben, aufgeregt

flatternd, überbringen belanglose

Texte für Zugansagen.

Zwischen den Gleisen

wachsen Binsenwahrheiten.

Scharen nasser Regenmäntel

proben die verdrossene Farce

vom vereinsamten Menschen.

Frankfurt-Niederrad

Landschafts-Collage im Wechselrahmen Abteilfenster,

Die Gartenkolonie

aus dem Malbuch

eines Kindes.

Begeisterung fließt in Wasserfarben.

Darüber die Alptraumstadt.

Kubische Termitenhügel

aus dem Katalog

für Fertigbauteile,

Das „Richt euch" der Fensterglieder.

Glatt gestriegelte Ordnung

von oben nach unten.

Isoliert und gefährlich

sich selbst überlassen.

Oben an den Rand gedrängt

ein blasses Stück Taunus

aus dem Reiseprospekt.

Aufsteigend scheinbar in Wellen

zu einem luftleeren Raum.

Nach Darmstadt

Augenloser Regen war gefallen

in der Nacht.

Schwer wie Prügel.

Jetzt schälen sich

Dorfsilhouetten

aus dem Dunst.

Zu unterscheiden an der Form der Kirchtürme:

Altheim, Gundernhausen, Roßdorf.

Hier riet Büchner den Bauern,

nach Darmstadt

zu gehen und die herrlichen Häuser

anzusehen, die aus den Knochen

des Volkes gebaut sind.

Klöppelworte an die Dunstglocke

Damals, als die Bauern

Prügel gewohnt waren,

schwer und wie augenloser Regen.

Spessartherbst

Hier weiß man nichts

von Modefarben, verwaschen und blass.

Der Nachmittag blättert gemächlich

in alten Katalogen.

Braun und rot frisst sich

das Buchenfeuer schweigend

durch den Löwensteinischen Park.

Grün hält noch lange

leuchtend die Stellung.

Die Hafenlohr, die gefleckte

Glattnatter, zischt durch den Grund.

Wirf dich getrost hier

auf das alte gelbe Lager

gegenüber der Sonne.
Vorläufig.

Winterbild

Hier, hinter Geiselwind,

ein Breughel'sches Winterbild

251

Leichte schwarze Bäume,

Staffage, zur Probe gesteckt

ins Weiße. Sonst

keine Farben gewagt.

Ein Hauch von Dunst nur

über dem Schnee

und schon ist der Kälte

der bittere Biss genommen.

Oktoberabend

An einem Abend wie diesem

im weichen Oktober

stellt das Gedächtnis

auf seiner Netzhaut

die gewöhnlichen Bilder ein.

Scheinbar genügen für heute

das flüsternde Haus

unter dem Ahornwappen,

der geduldige Hund,

friedfertig an der Kette,

das Tagesdach a la carte

aus Federwolken in rosarot.

(Keinem Maler würde

man das abkaufen)

Lasst euch nicht täuschen!

Licht ist nicht Licht.

Aus rosa

im Handumdrehen

wird grau

und die Leere dahinter

hat luftlos Bestand.

Winterlicher Weg

Schnee löschte mit weißer Hand

die rot lodernden Buchenfackeln.

Rauch steigt auf

von den Flüssen.

Einsamer Weg

im vermodernden Laub:

Erinnerung hüllt sich

in ihren grauen Mantel.

Was zerronnen ist

zwischen den Fingern,

füllt die Fußspuren.

Vor mir schlägt

langsam und mit Bedacht

das Jahr seine Augen auf.

Frühmorgens durch die Wetterau

Der Morgenregen weckt die Buchen nicht

aus schwarzem Schlaf. Arglose Dörfer wiegen

in Sicherheit sich, milchwarm, fett und liegen

im Schutz von Fachwerk, Schieferdach und Pflicht,

Die Nidda um die schlanken Ufer flicht

ein grün geschecktes Tuch. Die Wolken fliegen

entlang der schwarzen Weiden, die verschwiegen

nach Wasser graben und ihr grünes Licht

nicht unter einen grauen Scheffel stellen. -

Die Schläfer wälzen sich in flachen Träumen

von Mondbesitz und Markt und Korn und Vieh.

Des Nachtwurfs schwarzes Graben spüren sie nie.

Sie hören nicht das Stöhnen in den Bäumen

und nicht das Schreien der Sägen, die sie fällen.

Abend am Meer

Der Tag atmet aus

nach Hitze und Hast.

Der Wind schweigt

nach der langen Reise

und versteckt sich zum Schlaf

in den erstarrten Birken und Kiefern.

Nur noch mit kleinen, weißen Schritten

wandert das Meer an den Strand.

Unmerklich nimmt es in der Ferne

die dunkleren Farben des Abends an,

wo der Himmel noch hell

aus dem Horizont steigt.

Schon steuert die letzte Fähre

gelassen den nahen Hafen an.

Unter dem Meer

Angekommen bei Nacht

in der Stadt

unter dem Meer,

in dem Haus

für zwei blaue Fische.

Wir rücken die Dinge zurecht,

geben manchen von ihnen

neue Namen,

öffnen Fenster und Gitter.

Morgen wird uns

die weiße Stimme

des Windes wecken.

Wir brechen auf

mit den fliegenden Fischen.

Niemand hat uns gesehen,

aber die Stadt hallt wieder

vom Schatten unserer Schwimmzüge.

Und über den Tangwäldern

meldet das Licht

sich zu Wort.

Das Alltägliche

Jeden Tag hebt das Licht den Vorhang noch

Vor dem verzweifelten Spiel von Hoffnung und
Freude.

Jeden Tag rücken wir wieder zurecht

Die Versatzstücke: Werkzeug, Waffen, Worte.

Jeden Tag singen die Sphären noch

Ihre unbeachtete Harmonie.

Jeden Tag hoffen wir noch

Auf unversiegte Quelle und Brot.

Jeden Tag zerstören wir das Erbe unserer Kinder

Und das Grauen der Eiszeit wächst im Augenhinter-
grund.

Jeden Tag flüchten wir auch aus dem glühenden Stahl-
gerüst

Unter das schützende Dach liebender Hände.

Augenblick

Reglos das Meer das Pendel

Angehalten in der Mitte der Gezeiten

Die verebbt die Flut

Macht sich von fern auf den Weg

Mit kleinen weißen Schritten

Für einen ruhigen Augenblick

Schaut dich das Kommende an.

Absichten

Pfadfinderschwur und ein gutes Rudel

Vorsätze am Morgen warm

Um den Kopf auf und davon

Verschwiegen alle Bekenntnisse verschluckt

Mit der handwarmen Suppe

Wohlverhalten vergessen die Umarmung vermieden

Das Schlüsselwort verlegene Zärtlichkeit

tropft in die Bittermandelnacht.

Das steigende Jahr

Das steigende Jahr

verbirgt sein Ziel

hinter allen Wegen.

Die offenen Horizonte

lassen auf sich warten.

Das Kommende liegt

eingehüllt in Wolken

vor deiner Tür.

Geh getrost hinein!

Folge dem Kompass des Herzens,

den Wegweisern Liebe und Zuversicht,

Du bist nicht allein.

Fantasie

Fantasie schöne Komplizin hol' deine Hände

Zurück aus den Wolken behalt deinen Kopf

Oben es kommen unruhige Jahre

Qualm steht in den Straßen Wasser im Schuh

Atmen fällt schwer und schwerer

Noch Singen bleib schöne Komplizin

Bei uns klopfen wir an nach Asyl.

Mittagsgesicht

Eckkneipe in Trastevere drüben staubgrau

Rieselt Mittagslicht von Clematisblättern

Schläfrige Hunde blinzeln nach

Einer pirschenden Katze bedächtig

Unterwegs Raffaele mit Wein und Pasta

Herbei ein Mann im schwarzen Habit

Am Nebentisch unter jungen Männern

Studenten vielleicht silbern im Licht

Der Haarkranz eine Tonsur?

Schon möglich die Hände

Bewegt er im Takt der Gedanken Lachen

Am Tisch keine Theologie ..."de imitatione"...

Das muss er sein: Philipp Neri das kann er

Nicht sein beim Papst in dieser Mittagsstunde

Vorlesend Thomas a Cempis ..."de imitatione..."

Und hier Dank sei dem Heiligen Geist sein,

Mittagsgesicht glänzend im Strahlenkranz

Lachend und schwätzend der Heilige

Zur gleichen Zeit blinzelnd nach

Mädchen die bedächtig vorbei pirschen im Mittags-
licht.

Philipp Neri, dem nachmals Heiligen, wurde nach der
Legende vom Heiligen Geist die Gnade der Bilokalität
zuteil, so dass er zur gleichen Zeit beim Papst als Vor-
leser und bei seinen Studenten in den Kneipen von
Trastevere sein durfte.

Winterschlaf

Beneidenswerte Bären vor der Welt sich

Verschließen Goetheleser

Merk auf List und Kraft ohne Hass

In die Höhle trollen Wer kann das?

Alle Kälte der Welt verschlafen

Die Nase erst wieder in den Wind

Wenn es Blüten schneit oder Honig

Zu sammeln sich lohnt struppig und mager

Erheben sie sich manche

Haben sie fliegen gesehen.

Krähen

Drei Krähen am Anger. Im hohen Gras
gleiten die Köpfe voran. Unsichtbar
bleibt die schwarze Schwere der Leiber.
Unsichtbar auch der Gang und das Ziel.

Aufschwingt sich eine, mit trägem
Flügelschlag zieht sie über mir
enge, langsame Kreise,
bedrohlich nahe dem Sturz.

Stimmen im Strom

Mit möwenweißer Stimme

sprach er früher toltekisch,

der Strom,

mit den Kopfüberbäumen.

Flüsternd gingen

leise Vokale ins Ohr.

Verstehen und Ruhe.

Es springt kein Fisch mehr.

Schaum,

Schaum nur stumm

kreiselt um welke Blätter.

Und zungenloses Gurgeln.

Nachrichten

Fünf junge Hunde fand man am Fluss,

So war zu lesen ‚vergiftet'. Pfeile

Verirren sich in der Dämmerung; im Hut

Trägt man sie nach Hause. Gammastrahlen

Verzichten auf Wegweiser, die sicheren,

Nicht zu entziffern für uns. Giftmischer

Befolgen das Gesetz von der Erhaltung

Der Energie; lächelnd steigen sie

In Vorortzüge, die Taschen voller Viperneier.

Wartet ein Weilchen

Stell deinen Tisch

in den laublosen Wald.

Lade die Füchse und Hasen

zum Liebesmahl ein.

Sag ihnen, was da wie Schüsse

klingt, kommt nicht aus Flinten:

Kälte sprengt von den Bäumen

die Rindenhaut.

Wartet ein Weilchen und einer

gesellt sich zu euch, maskiert

als der knochenfressende Tod.

Sein Name sei Frost oder Regen.

Worte wie junge Blätter

Die Zeit erstarrt

in Bilderrahmen,

während unsere Worte

Seiltanzen üben,

leicht,

luftdurchlässig,

ohne mehr Bestand

als Tropfen

auf heißer Herdplatte,

als Luftblasen

auf dem Kaffeespiegel

in der Tasse.

Scheinbar.

Meine Worte aber

sind wie junge Blätter.

Ihre silberne Unterseite

wird sichtbar,

wenn ihr Klang sich bricht

an deinen Lippen, deiner Bluse,

Die Zeit tritt

wieder aus den Rahmen,

bewegt sich

auf uns zu.

Eines Morgens

Eines Morgens siehst du

den haarfeinen Riss

in der Zimmerdecke.

Das Gesicht im Spiegel,

die Faltenstirn, sind

nicht wegzuwischen.

Am Stundenzeiger schattet

ein schwarzer Mantel, der

vom Zeitfeld den Schnee schabt.

Langsam deckt er auf

die Skelette

vertaner Möglichkeiten.

Raum der Stille

Nur innehalten,

auf den Herzschlag horchen.

Abschalten die bunten Verführer,

Geräusch und Verlangen.

Die Vorhänge schließen,

einen Raum der Stille schaffen.

Kopfspiele erfinden

und neuen Worten nachsinnen:

Wortlaub und Silbenernte,

Sprachbrücke und Liebesland.

Eine Stadt entwerfen,

in der nur das Licht wohnt.

Einen Garten in die Luft zeichnen

mit Rabatten und heimlichen Wegen.

Den ganzen Raum füllen

mit Erinnerung an Wärme und Nähe.

Nachruf

Die Statuen schweigen

mit stockendem Atem.

Das Leben steht plötzlich still

Die Flöte verklingt

im dunklen Hain.

Alle vertrauten Bilder

verblassen.

Die dich lieben

verhängen die Spiegel.

Aber die Steine

werden reden von dir,

wenn ihre Zeit kommt.

(Zum Tode des Bildhauers Erwin Rager)

Beschwörung

Wörter wie Hände

an den Rand

der Dinge legen,

sie zu umspannen.

Nicht zu begreifen,

nicht zu besitzen.

Beschwörung geschieht

durch Handauflegen.

Monolog

Ich nehme den Mund nicht voll.

Nur einen Medizinlöffel

Worttropfen, abgezählt,

mische ich auf der Zunge

zum wiederholbaren Satz.

Das gleitet auf dem Atemstrom,

windschlüpfig, und handlos.

Nichtswende.

Glück gehört dazu,

wenn ein Wort Widerhaken hat,

sich einhängen in ein Ohr.

Ich nehme den Mund nicht voll.

Übe das Sandschlucken,

sprachlos.

Wo ich wohne

Ich wohne

zwischen Baum und Borke,

losgelöst, vereinzelt,

eisbedroht.

Manchmal

setzt sich ein weit gereister Star

auf meine Schulter und schwätzt.

Vom Süden vielleicht.

Wir verstehen uns nicht

Mir sind Raben zugeflogen

Die Lerchen hinter meiner Stirn

Sind weggeflogen.

Ich habe sie entlassen.

Werweißwohin…

Sie werden die Insel

des ewigen Sommers suchen,

schön an ihren Liedern emporsteigend,

aber nestlos, die Bodenbrüter.

Es gibt die Insel nicht,

wie ich erfahren habe,

zwischen den fünf Kontinenten Gewalt

unter dem Herzkältepol.

Mir sind Raben zugeflogen,

zahlreich und dunkel wie Worte.

Von nichts die Rede

Grelle Papierblumen, raschelnd,

in den Schoß der Frauen.

Whiskyworte, hart,

ins Gesicht der Männer. –

Das ist nicht der Rede wert.

Lautmaterial, preiswert

In großer Serie gestanzt

Nach griffigem Modell. –

Das hat nichts zu sagen.

Wohlstand der Lippen

Und hurtige Zungen.

Wörter im Überfluß. –

Und von nichts die Rede.

Erbe

Stromlinienworte fand ich

Im Väterhausrat. Dazu

Die wohlgesetzte Sprechanleitung.

Die verstaubte Windrose

Für den April – September,

das Duckmäuser – Diplom und

den Siegerkranz vom Schweigemarsch.

Das Exerzierreglement für Genietruppen.

Auch glatte Wechselrahmen,

passend für jedes Bild.

Ich schlage das Erbe aus,

schenke die Rose dem Wind,

lebe ohne Vorsatz,

von der Hand in den Mund.

Suche

Zuerst alles ausschalten:

Lautsprecherschrei

und Leuchtreklamen.

Sorgsam

die Fantasie durchforsten

nach vorfabrizierten Bauelementen.

Sich in Frage stellen.

Das Schweigen bestehen,

die widerrufene Existenz.

Nur den beständigen dunklen Trost

Des Pulsschlags als Stütze.

Das mündige Wort danach.

Innehalten

Innehalten am Mittag.

Dem Schatten entgegensehen.

Spielerische Versuche:

Die Knotenschrift

Des Löwenzahns entziffern.

Zunehmend ernster:

Die Luft auf den Schultern

wägen und den Wert

der Worte.

Erinnerung

An Tage der Liebe

Liegt auf der Hand

Wie Blütenstaub.

Im Weitergehen

Schritte zählen

Oder die Atemzüge

einer Minute.

Niemandsland

Brombeerherbst verdeckt

Den lautlosen Tod

der Wörter.

Vereinzelt fallen

hier

und da

dunkle Früchte.

Silberernte.

Das Niemandsland

jenseits der Sprachgrenze

ist vorstellbar

als luftarme Gegend

bei unbenannten Dünen.

Parolen gehen um

wie der Schatten

von Wiedergängern,

wie der mühsame Taufritus

für Windkinder.

Gespräch

Auf gut Glück

in die Büsche geschlagen,

in die Wörter.

Dem Silbenweiser nach

durch das verrostete Unterholz

eines Buchenwaldes.

Die Hand aufgerissen

am Dornenstrauch.

Blutstropfen fallen

wie Wörter.

Komm,

knie mit mir nieder

ins Moos, weich

wie die Wörter, die

die Wunde besprechen.

Und weiter

durch Wortlaub und Dorn,

damit ein wenig von dem vorangehe,

was sich bewegt

zwischen Stirnen und Mündern

in den Wörtern.

Es kann sein

Es kann sein,

dass ein Heben der Augenlider

alles Gewesene widerruft.

Es kann sein,

dass ein Wort fällt,

ein Atem stockt,

du getroffen wirst

von dem, was anhebt.

Ein Augenblick, der dich sieht.

Unterwegs

Immer wieder irritiert

Die unzeitgemäße Romantik

Einer blauen Hügelkette.

Das konzertante Grün

An den Hängen: Vivaldi – Sonaten

Mit wiederholtem Thema.

Die hochmütige Kiefernfamilie

Steckt die Spitzköpfe zusammen

Und tuschelt Dunkles.

Erinnerung fährt mit.

Landschaften, Satzfetzen und Worte.

Die angeschlagene Stimmgabel.

Nachtfahrt

Hinter der Brücke

beginnt der Bauch

des Walfisches Nacht.

Der Lichtstrahl dringt ein

wie ein Speckspaten.

Die Stadt auf dem Berge

signalisiert Lockrufe.

Giebel schminken sich grell

im Dorf

vor einsamen Laternen.

Ein kleiner schwarzer Wald

hält den Atem an.

In dieser Gegend

sind die Sterne ausgegangen.

Ländliche Bahnstation

Zeitgeschwärztes Backsteinhaus,

von den Franzosen bezahlt

nach dem Siebziger Krieg,

wie man sagt.
Nur der Sockel

aus heimischem Sandstein.

Blitzlinie eines Risses

in der Mauer

vom Dach

bis zum Kellerfenster.

Geranien unbekümmert

spielen Sommerfrische.

Der Fußabstreifer

sammelt Staubsekunden.

(Ich kann keinen Hund erfinden,

der in der Sonne liegt

und nach Fliegen schnappt.)

Die Uhr teilt den Tag

in eine Handvoll

Ankünfte und Abfahrten.

Der Nachtzug nach Warschau

ist ein kurzes Geräusch.

Alle Tage

sind eingleisig.

Rauchfahnen

Die Schrift der Rauchfahnen

auf dem hellen Himmelsbogen,

flüchtig

und bald verblasst

als wäre sie uralt,

vielleicht

wiedergefunden im Tau,

der bald verdunstet,

flüchtig

wie wir,

wie die Schrift der Rauchfahnen.

Flugplan

Auf dem Weg nach Colombo

überlistet der Flugplan die Uhr.

Vier Stunden verschwinden

unter der Tragfläche,

eingesaugt

von den Düsen,

unterwegs

mit der Drehung der Erde.

Nicht verloren im Ozean,

vergangen wie Salz.

Hergeflogen wie Rauch

schweben sie irgendwann

zwischen zwei Sätzen,

gerafft in einen Gedanken

wie das Rot

in den Samen der Hibiskusblüte.

Ende August

Vertagte Entscheidungen

Säumen die Wegränder

Wie halbvolle Weinkrüge.

Der September wird

sie mit Wasser füllen.

Luftiger Räume

mit grünen Tapeten

spielen noch Sommertheater.

Warme Hoffnung en suite.

Es ist Zeit,

sich einzurichten, schmucklos,

unter fallendem Gelb.

Mit Aussicht auf

hellen, zersplitterten Himmel.

Regentag

Ein Regentag,

meint Hundertwasser,

mache die Farben leuchtend.

Ich dagegen schaue zu,

wie der Regen das Gelb

aus den Pappeln wäscht.

Ein Adler fliegt

auf und davon.

Erinnerungen an Kindertage

schlurfen mit den Füßen im

Laub.

Keinen Gedanken verschwenden

an das Vergehen.

Das nasse Gesicht

in den Wind halten.

Im Einverständnis leben

mit den kälteren Tagen.

Frühherbst

Katzenpfotiger Nebel

auf den Wiesen.

Kein Haus

und kein Licht.

Hier und da

die unbewohnten Inseln

schwarzer Weidenkronen;

auf Rufweite vielleicht.

Terra incognita.

Mehr Leben

ist nicht wahrzunehmen.

Spät im Jahr

Die Bäume stehen schwarz

mit leeren Händen da.

Alle Hinterhalte sind aufgedeckt,

Blatt für Blatt. Vogelfrei

die vermeintlichen Schatzkammern.

Morgen wird es schneien

auf Wegweiser auch und Versprechen.

Keine Zeit

für Vertraulichkeiten.

Plötzlich Rauhreif

Wandervogelland.

Tannen, dunkel und schwer von Liedern.

Dürre Lagerfeuerwiese,

der Bach noch ohne Eisrand.

Herbstasyl.

Auf der Höhe

plötzlich Rauhreif.

Die Luft ein gläserner Vorhang.

Dahinter der Waldrand: Erstarrt

in weitausholender Gebärde.

Wintertheater,

Fremde Pantomime.

Die zierlichen weißen Linien

der kleinen Buchenzweige täuschen eine Idylle vor.

298

Zuckertand

und Fessel.

Hier ist dem Wind

der Mund verbunden.

Schweigelager.

Rückblick

Vorbei am November

und durch Nebel gegangen.

Die Spur im Schnee

zielt auf einen klaren Himmel.

Auf einen neuen Anfang.

Vogelfluglinie

der Gedanken.

Früh im Jahr:

Tage wie Hinterglasmalerei.

Im Vordergrund, hell,

die kleinen erregenden Dinge.

Dahinter

die Transparenz farbiger Stunden,

rot oder blau,

Nachmittage, ruhig

wie verschränkte Hände.

Später

anämische Stunden.

Stahlstiche

kamen in Mode.

Verletzlich

ist die Vogelfluglinie

der Gedanken.

Weiße Flecken

Fiel Schnee auf dein Haus?

Fiel Schnee auf meine Augen?

Ich sah an der Mauer weiße Flecken.

Es gab früher Tage

mit leeren Minuten wie Eislöcher,

in die der Schnee fiel.

Es gab früher Tage

mit leeren Gesichten

von Mauern am Morgen.

Es gibt noch heute Bilder

mit weißen Flecken

und Spielraum für Phantasie.

Es gibt noch heute Gespräche

mit leeren Minuten

wie schwarze Brunnen.

Aber

noch nie gab es weiße Flecken

wie Eislöcher in die Mauer geschlagen.

Noch nie gab es weiße Flecken

wie kantige Fetzen

aus Papier gerissen.

Was geht vor? Verändert sich

lautlos das sichere Gefüge?

Oder fiel nur Schnee auf meine Augen.

Probezeit

Der Februar hat

eine gespaltene Zunge.

Probezeit für das Jahr.

In der Stadt

nahe dem Gefrierpunkt

tragen die Straßen

ihre fleckige Haut

zum Markte.

Die Häuser haben

ihre Gesichter verloren.

(Wo sollen wir wohnen?)

Es ist an der Zeit,

ihnen Augen und Ohren

wiederzugeben

und einen Mund.

Es ist an der Zeit,

ihre Bewohner neu zu benennen.

Auf Probe.

Zwischenhoch

Im Rücken die Tiefebene

mit den abgeschlagenen Köpfen

und verbrannten Alleen

ertasten unsere Augen die Wolkenfelder

der ungesicherten Großwetterlage;

richten wir uns ein

auf vorläufige Dauer

in der Gegend, die

die Meteorologen Zwischenhoch nennen.

Betäubter Tag

Graue Distanz.

Die einstudierten Bewegungen

zwischen Möbeln, Bildern, Worten,

vertrauten Versatzstücken.

(Von einem regennassen Baum

fällt langsam ein Blatt.)

Wir vergewissern uns,

noch im Leben zu sein,

bemüht die Distanz zu verkürzen.

Altstadttreppe, Aschaffenburg
(zu einer Federzeichnung von Joachim Schmidt)

Stufen, der Feder scheinbar

entlaufen, ins Leere.

Ein Regen von Schritten

wusch sie aus.

Stadtgeschichte putzt sich

heraus mit Wappen

und Wirtshausschildern.

Die „Drei Reichskronen"

gingen in den Untergrund.
Stufe für Stufe.

Die Stadt steckt sich

Familien an den Hut

mit Kind und Kegel.

Ich könnte Namen nennen.

Den Geschichtslosen sind sie,

Stufe für Stufe im Leeren,

nur Straßenschilder

und böhmische Dörfer.

Park Schönbusch, Aschaffenburg

Eine artige Allee

aus Kratzfüßen.

Ideallandschaft

aus Freiheit und Bildung.

Der Erzbischof Erthal,

besorgt ob der Kriegsläufte,

versteckte sich bei seinen Konkubinen.

Für sie

ein gekünsteltes Dörfchen,

Kulisse für die Farce

vom einfachen Leben.

Für ihn,

den Herrscher des Schrumpflandes,

der sich in kleinen Kreisen bewegt,

baute Herigoyen ein Lustschlößchen

mit winzigem Spiegelsaal.

Neulich zog hier

das zwanzigste Jahrhundert ein

mit einer Antenne,

die den Wind harkt.

Am Keltergraben

Wenn der Dunst vergeht,

wirst du das grünbunte Tuch sehen

aus Wiese und gewürfelten Büschen.

Inmitten

die schüchterne Baumschule.

Die letzte Frostnacht

hißte die weiße Fahne

aus Kirschblüten.

Links ist ein Wald aufgestellt,

Kulisse des Sommertheaters.

Aus dem Horizont ragt der

Seligenstädter Wasserturm.

Als der Dunst verging,

der künstliche Nebel welkte,

sah ich die freie Pläne,

die Kusseln, Deckung veheißend,

die grünbunte Zeltbahn

auf dem Maschinengewehr.

Im Niemandsland

die stille Baumschule.

Links, am Waldrand, zu vermuten

feindlicher Stoßtrupp.

Ein Daumenbreit rechts,

der Wasserturm.

Wenn der Dunst vergeht,

zeichne du auf

Vordergrund, Mittelgrund, Hintergrund,

mal dir dein Bild

und achte auf Schatten.

Dunkel in Grün.

An Jedermann

Salzburg. –

Ein Zwischenaufenthalt.

Jedermann kennt es.

Aus dem Himmel schnitten

die Silhouette der Festung.

Bürgerhäuser,

scharfkantig, abweisend.

Das Rascheln von Krinolinen.

Die Küche der Mutter Mozart.

Spielte Wolfgang hier

mit Topfdeckeln?

Die Instrumente

werden vorgezeigt.

Jedermann schreit.

Die Konkubine des Fürstbischofs

bei ihrer zwölften Entbindung?

Der namenlose Ketzer

auf der Streckbank?

Der sprichwörtliche Regen

wäscht davon nichts ab.

Jedermann muß das wissen.

San Zeno di Montagna

Das Dorf schleicht

die gewundene Straße entlang.

Die Häuser sind

mit sich beschäftigt.

Der trockenen Luft

fehlt es an Worten.

Abgeschwächte Kontraste

hinter dem Dunst:

Felsen, Zypressen, rote Dächer

und blaues Wasser.

Aphoristische Landschaft:

Italia omnis in nuce.

Bardolino

Die ordentlichen Bürger

haben den Namen der Stadt

über das Tor geschrieben.

Unverwechselbar –

wie der Rotwein

und das Kreuz

aus blauen Neonröhren

auf dem Kirchendach.

Der Skaligerturm verliert

seinen müden Ruhm

brockenweise

an den Jachthafen.

Der Gardasee betrachtet

mit ruhigem Auge

graue Ufersteine

und bunte Touristen.

Die kühlen Fresken

in San Severo

lassen den Atem stocken.

Cannobio

Den Kaffeetrinkern

in den Laubengängen

am Lungolago

schaut dunkelwangig die Zeit

über die Schulter.

Sonntags

schäumt hier der Markt über.

Lebenszeichen. –

Broncetafeln neben Balkonen.

Garibaldi lobte die Bürger

für ihren Mut

beim Seegefecht

gegen die Österreicher.

Bunte Motorboote

dümpeln heute schlaftrunken

an der Mole

des kleinen Hafens.

Im Lande des Karl Borromäus

glaubt man an die blutigen Tränen,

die eine Pergament – Pietá weinte.

In einer Kapelle

modert ein Diener Gottes

dem Tag seiner Seligsprechung entgegen.

Todeszeichen. –

Eine Marmorplatte neben Balkonen

erinnert an drei erschossene Partisanen.

Place Stanislas, Nancy

Die Steine lächeln

lichtes Gelb.

Im Grünspanprunk

der glanzlose Polenkönig,

feiste Rechenkugel

an der Stange Wien – Paris

Der Schmarotzer

mit den zwei guten Gedanken:

Seine Tochter

dem König von Frankreich

zu vermählen und

Emmanuel Héré zu berufen,

der auf dem Papier

den Schneesturm wehen ließ

über die bitteren Mauern,

die trennten das alte

vom neuen Quartier,

über die brüchigen Mauern

der Grafen von Elsaß,

der Herzöge von Vaudémont,

und siehe:

sie waren nicht mehr da,

der im Winter plante

die kristallkühle Genauigkeit

im Rechteck des Platzes

und im Sommer baute,

was heute lächelt

lichtes Gelb.

Herbstzeitlos.

Place St. Pierre, Bar-le-Duc

Wappenförmiger Platz,

gehalten von fahlen Fassaden,

niedergeschlagen die Augen, grau;

tief und dunkel gefurcht

die Pergamentgesichter,

ohne Mitleid wie Eiferer.

Hochmütig der breite Rücken

der Kirche St. Pierre,

augenlos, weltabgewandt.

Mittagsstille, reglos,

mit Blicken, stumpf

wie ein rostiges Richtschwert.

Auftritt von rechts

der Herzog François de Guise

im Kostüm des Gendarmen.

Am Tyrifjord

Ein Faden Wasser nur

verbindet den Fjord

mit dem Meer.

Die Schären saugen

die Wolken aus dem Himmel.

Jetzt sind sie schwer

von Wasser und Stein.

Einer hängt Björnsterne Björnsons Ballade

vom Tod Olaf Trygvassons

in die Wipfel der Tannen,

dunkel wie eine Fahne.

Glückliches Hadeland:

König Halfdan des Schwarzen Kopf

ist hier begraben.

Wikinger – Saga, nie endend.

Kinder hissen ein Handtuchsegel

im kleinen Boot.

Fluchtversuch

Schlafherbe Knabenstimmen rudern mich

über die Cembaloklippen

den Geigenstrom hinab.

Unredlicher Fluchtweg

in die Lagune Barock,

die heimliche Verführerin.

(Death is so permanent!)

Die Stahltür Abend

hat einen vergoldeten Beschlag.

Das ist eine abgeschlossene Geschichte.

Die Vase auf der Vitrine,

erhofft keine Blume mehr.

Kühlweiß spiegelt sie

ein kleines Fenster.

Vergittert.

Schleifspur des Tages

Schleifspur des Tages

im Garten Erinnerung.

Heitere Sitzgruppen, großzügig.

Ein parfümierter Springbrunnen

murmelt wiederholbare Gedanken.

Stundenflirt wird inständig

über Holzkohlenglut.

Das geht für Stunden gut.

Stichworte fallen

dem Nachmittag in den Rücken.

Dunkle Minuten

vernarben nicht.

Dem Abend legt man

die Münze Befangenheit

unter die Zunge.

Urformen
(zu einem Bild von Erwin Rager)

Urformen bieten sich an,

grau, Stufen oder das Pflaster

einer Brücke,

leicht zu begehen fürs Auge

bis an den Rand.

Es ist verlockend, weiterzubauen:

einen Strand; weiterzuträumen:

die Abendflut

und das Ablegen des Fleisches.

Einer Barriere roter Arm

verwehrt den Traum.

(Kein Fluchtpunkt jenseits des Rahmens)

Weist die Augen zurück.

Es herrscht Bewußtseinszwang

hier im Gebrauchsland.

Hoffnung allein

Grauwangig stiehlt dieser Morgen

sich aus der Nacht davon.

Noch klammern die hängenden Mundwinkel

des Himmels die Ferne aus.

Das stumpfe Trauma Nähe.

Hoffnung allein,

die blasse Partisanin,

geht aufrecht durch die Wände.

Beim Anschauen der Wetterkarte

Mit einem

nach Polen wandernden Tief

springt der Wind um,

ändert sich die Atmosphäre

auf Knopfdruck.

Zeichen und Wunder.

Wächst nicht

das zurückgelassene Kornfeld

auf der blanken Hand?

Nistet nicht

das regenverhangene Waldgebirge

in den Augenwimpern?

Mit Zeichen umgehen,

mit dem Wind umspringen.

Atmosphärische Spiele

mit einem nach Polen wandernden Tief.

Verweigerung

Piratentag findet mich

auf der Morgenklippe.

Er brüllt wie das Meer,

das seine Fische preist

und sein Salz;

für sich reklamiert

den glatten bequemen Verkehr.

Ich werfe die Räuberpistolen

ins Wasser,

mißtraue der silbernen Spur

zum Strand,

auch dem verrotteten Boot

in der Scherbenbucht.

Ersehne beziehungsloses Glück,

aufgehoben in einer Hängematte,

drei Fuß über dem Boden.

Klopfzeichen

Du weißt nicht,

woher sie kommen – :

Von der Standspur

der verlassenen Gedanken?

Aus den Feuersäulen

der Oktoberbuchten?

Aus dem verdunkelten

Zimmer Hoffnung?

Oder klopft einer,

dem die Worte fehlen,

an die Schallmauer

freundlich gefärbter Hohlworte

neben dir?

Verstrickung

I.

Die täglichen Auftritte:

der Lammwolf,

die Herrschersklavin,

der Obenunten,

die Jungalte,

der Dreimund,

der Doppeljanus.

Auswendig abgespult

alle die Wörter, die Sätze

(nebst Atemstütze und Betonung.)

Verführungsingenieure

setzen Positionslichter.

Glühwürmchenidylle.

II.

Spinnentraum.

Die Regenbogenworte ziehen Fäden,

verstricken Hände und Arme,

Zunge und Augen.

Wolfsrachen und Sklavenmund

speien Fallstricke aus.

Der in allen Sätteln gerechte

findet kein Pferd zur Flucht.

Bald

ist er nicht mehr zu erkennen,

farblos, verstrickt in Worte.

A la mode
(A la mode Kleidung, a la mode Sinnen,

Wie sich's wandelt draußen, wandelt sich's auch innen.

Friedrich von Logau)

Das Auge trinkt Gift.

Durch die Herzklappen

rieselt Ruß.

Logaus Erfahrung vom Wandel

außen und innen

a la mode neu erlebt

im aprikosenfarbenen Pelz.

Schwefeldämpfe

begleiten Wegwerfreden.

Aufbruch

Schenk den Freunden

die letzten Äpfel.

Zieh ab

die bettlakenweiße Sorgenmiene,

falte sie

(mit Sorgfalt)

und sprenge sie grün ein.

Spuck aus

den Knebel Verzweiflung.

Brich auf die

Kruste Gleichgültigkeit.

Brich auf!

Geh und nimm

die Dinge beim Wort!

Brich auf

zu dem leeren gelben Raum

hinter dem Spruchband

„Veränderung“.

Offene Horizonte

I

Den Wind in den Mänteln

einer Melodie nach

in die offenen Horizonte.

Unterwege wohin?

Wer sind wir,

dass wir Antwort wüssten?

Pläne wachsen steil

aus den Gerüsten.

Der Sand wandert

unter der Flut.

Wo ist der Unterschied?

II

Zu leben versuchen

nach dem Muster

der Birken:

Helles und Dunkles

mit Anmut tragen.

Den Wurzeln vertrauen

und Sterne fangen

in offenen Horizonten.

Maske

Leder mit Lachprägung

vors Gesicht gebunden

für das tägliche Spiel

der lächelnden Messerwerfer.

Schneidende Stichworte fallen

zwischen aufwendigen Kulissen.

Einige legen auch nachts

die Lederhaut nicht ab.

Der fröhliche Schwung

der Mundwinkel eingefroren.

Sie träumen

von vielen Vorhängen.

Manchmal gleitet ein Messer

hinter die Fassade,

und das Publikum wundert sich,

dass Blut fließt.

Unruhe

Der Billardeffekt:

Unruhe, die sich fortpflanzt.

Physik der Veränderung.

Anstoß nehmen.

Anstoß geben

und beobachten,

wie die Dinge laufen

und was aufgeht.

Unruhe

setzt Hoffnung in Gang.

Angewiesen

Angewiesen

auf den Schutz

des Jägers Orion,

der hinter dem Haus steht,

und manchmal

wie im Spiel

den Fuß setzt

auf das Dach.

Abhängig

von dem Honig

aus den Stundenwaben

und dem Staub

aus den Löchern des Tages.

Beladen

mit dem Guthaben Erfahrung,

unsicherem Inflationsgeld,

zinslos angelegt

in Regenwolken.

Angewiesen darum,

illusionslos,

auf die vertraute Hand,

auf Wort und Kuß

und wieder Wort.

Leben in Dünen

Fruchtlos wie Strandhafer

bleibt der Versuch,

Sicherheit zu pflanzen,

wo nichts bleibt.

Das Haus auf Sand gebaut

braucht der Windschatten Hoffnung

und der Halt,

der das Unstete bindet:

das Tausenwurzelkraut Liebe.

Leicht werden
(für Ilse)

… und wir könnten, wenn wir nur

leicht wären, auch fröhlich sein.

M.L. Kaschnitz

Leicht werden

im Schatten

deiner Augenbrauen.

Abstreifen die Fesseln,

die Tangwälder.

Leicht werden,

auf und davon,

und fröhlich

mit nichts

als einem Papierdrachen.

Fortwährend Karneval

Masken ringsum:

Geschlecht und Charakter.

Fortwährend Karneval:

Lächeln und Tanz.

Sie spüren nicht,

wie der Regen

die Farbe der Haut verändert:

Rotlauf und Schweinfurter Grün.

Phosphorschminke

macht leuchtenden Teint.

Auf jener Stirn

verbrennt ein Schmetterling,

Fortwährend Karneval:

Dröhnendes Gift

und verkrüppelter Tanz.

Taubstummes Lächeln.

Sie spüren es nicht

bis sie schwarz werden.

20./21.1.1982

Nach der Schneeschmelze

Ein schüchterner Schneerest

bei augenlos schlafenden

schwarzen Gehölzen.

Daneben geschäftig schmatzend

in vielen Tönen

das überlebende Grün.

Selbstgefällig und breit

vom Sportplatz bis zum Krankenhausgarten.

Lebhaft macht Erdgeruch

von sich reden.

Zögernd dort

im Unterholz ein Fuchs -

noch Winter im Blick -

nimmt er die Witterung auf.

31.1.1982

Mit fünfzig Jahren

Die weißen Häuser von Timbuktu.

Karawanserei für Knabenträume,

Ein Beduinenmädchen entschleiern,

An diesem Regentag

hat die Fata Morgana Ausgang,

Ein nachdenklicher Mann

von fünfzig Jahren

klopft ans Barometer.

Vor seinen Augen werden

rostige Splitter

durch die feuchte Luft getragen.

Die Träume von Timbuktu

kosten ihn ein Lächeln.

Was langsam splittert,

kostet Jahre.

Tiefdrucksysteme

verändern das Klima.

Es wächst kein Gras mehr

über die Dinge.

Keine Zeichen

Der missratene Sommer

hinterließ keine Zeichen

für Auguren der Veränderung.

Der fortwährende Regen

wusch das vertraute Muster

der Vogelschwärme aus.

Vorübergehend wie Wasserfarben

und Hundegebell. Die Zeichendeuter

haben das Nachsehen:

Abhängig vom Ungeschriebenen,

gesprochen in alle unsicheren

Richtungen des Windes.

Spuren

Wegweiser und Wasserlachen,

einzelne Fußspuren, randvoll.

Wer ging hier? Du oder andere?

Nicht mehr zu messen.

Wer sich bewegt, legt Spuren,

Zeichen und Maß.

Felsbild und Säule,

der beinerne Zierkamm,

der handgeschmiedete Nagel,

die Worte der Schrift.

Nur die Statisten,

die unbeweglichen Schreier,

verschwinden andenkenlos

in Regengüssen von Schweigen.

Hier aber ließ einer Spuren zurück.

Du oder andere. Gleichviel.

Er hat sich bewegt.

Münchhausen

Mitten in Frankfurt

die Erinnerung an Abhandenes

aus verschollenen Landstrichen.

Auf der Obermainbrücke erfriert

dem Baron Münchhausen

die Melodie im Horn.

Die Februarsonne ohne Gesicht

hat nicht die Kraft, die

Melodien aus Eis weckt.

Der Ruderer wider den Strom

wird sich an seinen Haaren

aus dem toten Fluss ziehen.

Man kann beobachten,

wie Leben angehalten wird

von abwesenden Händen.

Und nur ein Hauch von Schnee

Und nur ein Hauch von Schnee bedeckt das Land.

Die Gartentannen schauern unterm Wind

und weiße Wege laufen schmal

zu einem schwarzen Wald,

der festungsgleich den Horizont besetzt,

wo bald sich ihre Spur verliert,

wie alles Leben sich verliert

und im Unendlichen sich findet.

11.1.1984

Zeit der Stille

Schneereste in den Furchen

weisen dem März den Weg.

Noch knebeln die Weißen

Bänder sein Lied.

Bäume stehen braun

und schweigend. Schlafende

Tiere aus anderer Welt.

Zeit der Stille

zwischen Sterben und Leben.

Magnolienknospen

gehen mit sich zu Rate

unter graugrünen Kapuzen.

Konspiratives Tuscheln. Nachrichten

flirren zwischen den Zweigen.

Zeit der Stille. -

Und der lange Atem

des Lebens.

Den Lichtstunden entgegen.

4. 3. 1985.

Ruhige Stunde am Mittag

Lautlose Schritte im Sand.

Fast

ist es windstill.

Ein alter Mann schlurft vorbei,

verstrickt ins Selbstgespräch.

Die reife Sonne

kann ihr Licht hier

nicht hinter dem Berg halten.

In breiter Fläche

leuchtet das Meer:

Licht in kleinsten Teilen

und rascher Bewegung.

Am Strand

treibt das Meer keinen Aufwand,

entlässt es flache Wellen.

Du schmeckst Salz

auf den Lippen.

Zwischen zwei Atemzügen

spürst du das Einverständnis

von Wind und Meer,

von Menschen und Licht.

Fliegende Fische

Die Netzhaut fängt fliegende Fische ein

Zwischen den Hochhäusern. Sie steigen auf

Aus den fröhlichen Sümpfen

der Vorstädte, rasten

auf Fensterbänken, verschwinden

im Augenhintergrund still.

Schweben wieder ein

Im verdunkelten Zimmer, kichernd

Stoßen sie Möbel um, lehren

Die Hunde das Fürchten, spannen

Reißfeste Netze, schlüpfen

zur Strichzeit in ihre Schatten.

Du hörst ihre Schwingen rauschen

Beim Rückflug ins Fieberland,

findest am Morgen

dich nicht mehr zu Recht

zwischen Verwüstung und Fallen

bei eisigem Klima.

8.5.85

Rückfahrt

Früher Nebel und das ferne

Rollen von Rädern Schiffssirenen

Erinnerung fährt mit

Das ausgewaschene Fahnentuch

Knattert über dem Kopf

"Verletzt!ich ist die Vogelfluglinie

Der Gedanken"

Nach Süden nun

Im Wolkengalopp

Ganz Fehmarn bricht ins Knie

Hohe Statthalterpappeln

Und niedriges Gras

Verneigen sich tief

Wenn der Wind, der alte Patronatsherr

Gewaltig darüber geht

Lachend in gelben Flächenbränden

Der Rapsfelder wühlt

Erinnerung fährt mit...

An den fetten Wiesen

Sind die Jahre abgeglitten

In Cismar breitet der Flügelaltar

Arme der Nächstenliebe aus

Im Staub der Klostertreppe

Suche ich meine früheren Fußspuren.

26.5.85.

Kirchheimer Dreieck

Leipzig ist angeschlagen Eisenach

Ein Katzensprung rasch hinüber

Ein Blick ins Pfadfindertal

Eingeladen von hohen Tannen

Grünbeschwingt und hinauf

Ins Blaue im Birkengeäst wund

Gestoßen an toten verlassenen Nestern.

15.4.86

Nach Süden

Im Wolkengalopp nach Süden Fehmarn

Bricht ins Knie die Statthalterpappeln

Verneigen sich und das Gras unterm Wind

Dem alten Patronatsherrn gewaltig

Übers Land geht er lachend

Wühlt er in Flächenbränden

Der Rapsfelder Erinnerung fährt mit

das ausgewaschene Fahnentuch knattert

Über dem Kopf in Cismar breitet der Flügelaltar

Arme der Nächstenliebe im Staub

Der Klostertreppe suche ich meine alten Spuren.

16.4.86.

Teestunde

Asien meinst du Gedankenspielerin

Liegt auf der Fensterbank. Ätherische Öle

Locken meinst du die Katzen an

Aus allen Nachbarschaften schnüren sie

Landkarten im Fell zu deinem Fenster

Die Schönpfotigen zuletzt auch

Ich du bist nicht allein wenn

Des Abends Hausmeister –

Schritte auf dem Kiesweg knirschen.

21. 4.1986

Aus einem April

Aufbruch und Unrast der Gärtner

Mühe lohnen Osterglocken gelb

Und starr die Weiden trauern nicht mehr

Am Weiher ihr eitles unreifes Grün starrt

Ins Wasser den mulmigen Spiegel

Zerkratzen Blesshühner die armen mühsam

Ernährt noch von Almosen. Horch

Die Fontäne schwätzt wieder farblos

pausenlos fruchtlos leeres Wasser April April!

23.4.86

Märkische Winterreise

Aus grauer Städte Mauern

Potsdam und Belzig ehemals

Jugendbewegt ein anderer

Winter brach an im Unterholz

Baumleichen Brachland

Unterm milden Schnee Generationen

Dazwischen junge märkische Birken

Flirren weiß vorüber an reisenden

Augen Dörfer Stationen blicken

Herein graue müde Kettenhunde.

16. 5.1986

Sommertag

Ruhig hat das Jahr zu sich gefunden

Vorüber die Tage der Schlieren und

Augentäuschungen traumsicher tragen

Pausbäckige Linden den grünen Pelz

In schwebender Harmonie mit der Modefarbe Blau.

Buddhas weiße Wolken wandern lautlos

Zu anderen Horizonten beständig wechselt

Ihre Gestalt ohne unser Handeln

Unser Gefühl nur lässt Deutungen zu

Für später zitternde Ferne Sommertage.

11. 6. 86

Befindlichkeit

Ferner Dunst und eine Hügelkette

Namenlos und blau verstellt sie

Den Horizont Was erwartet uns

Was bleibt zurück wenn wir

Sie überqueren?

Beschwerlicher Weg

Die Füße ständig im Wasser

Bedächtige Schritte Herzklopfen

Hinter der vorgehaltenen Hand.

3. 7. 86

Vielleicht

Meine Träume habe ich entlassen.

In den Wind geschlagen fürs erste

die Hoffnung auf ihre Erfüllung. Regen

ist angekündigt, wirkliches Wasser,

das Haut ablöst und Rinden schwärzt,

wie wir befürchten. Vielleicht

straft uns im Frühjahr die Kirschblüte Lügen.

9.3.87

Die Sanduhr

Heraustreten

aus dem Schatten

der Augenbrauen.

Sich einmischen

mit Herzen, Mund

und Händen.

Bitteres Kraut essen,

den Versuch wagen,

die Sanduhr

noch einmal umzudrehen.

Der letzte Tag

Der letzte Tag beginnt mit

dem Gongschlag der Zeitansage.

Schreiendes Morgenrot gebiert

eine kalte Sonne.

Gletscher drängeln sich

auf den Autobahnen.

In luftleeren Straßen

zerbersten die Fensterscheiben.

Steckt eure Spitzköpfe zusammen,

ihr Kiefern, verschwört euch,

ehe der farblose Schnee fällt,

der euch zu Greisen macht.

Ihr wisst: Was der Mensch kann,

das wird er vollbringen,

an Zerstörung gewöhnt von Puppe

und Holzpferd an, zu seinem Vergnügen.

3.2.87

Plötzlich Kälte

Wir verfügen nicht

über Kälte, starren Regen, der

Den Blick aus dem Fenster

Verwaschen macht, den Nachbarn

Durch Eis von uns trennt.

Wo sommers Garten war: Die schwarzen

Äste der Bäume, Wir verfügen

Nicht über die Früchte, nicht

über die Nachbarn, getrennt

Plötzlich von uns durch Kälte.

Nachtfahrt

Durch die Kälte

einem riesigen Mond

entgegen. Romantik kommt

nicht auf. Tannen schneiden

spitze Silhouetten. Einer Tankstelle

Licht fällt herüber, absichtslos.

Durch die Kälte

einem riesigen Mond

entgegen, dem Modell

einer zukünftigen Erde. Hoffnung

auf Wärme, auf Nähe,

liegt noch auf Eis.

14.1.87.

Ruhiger Morgen

Ruhiger Morgen: Schweigende Zeit

lauert finster im Rücken der Wälder.

Zaghaft halten die Bäume

den Atem an.

Reglos steht neben der Straße

vielfarbiges Grün: Zwischen den Stämmen

wartet dunkel der Tag

auf dich.

Verlassenes Haus

Die schrundige Totenhaut

der alten Mauern blättert ab.

Feuchte Stellen und Wunden,

Moder und stiller Verfall.

Unbemerkt und verschämt

wuchert das Krebsgeschwür Leere.

Parolen verblassen,

die leichteres Leben versprachen

nach der Revolution.

Struppige Katzen streunen

durch zugige Flure,

verlassen von Mann und Maus.

Wer kommt?

Es ist der Wind, der hier wohnt.

Mit brauner Stimme

murmelt er Namen

von toten Familien.

Auch unseren.

Vorläufig

Das steigende Jahr

lockt mit längeren Tagen.

Die Angst vor dem Regenmörder

schweigt. - Vorläufig.

Wir erwarten wieder

das alljährliche Wunder der Kirschblüte.

wissen aber, von Tollkirschen

in den Tresoren.

Die Greisin

Sie lebt von Schlaf

zu Schlaf.

Langsame Tage.

Früher Vertrautes

ist fremd. Gesichter

sagen ihr nichts.

Einzig die Kinderjahre, Liebe

und Ehe sind Gegenwart.

Gestern war nie.

Manchmal lauscht sie.

Wer ruft?

Ihr Mann? Ihr Herr?

Antwort der Augen:

Ruhe leuchtet,

Einverständnis im Schweigen.

Einzelne Bäume

Getrennt durch Straßen

und Acker, blinken sie

Botschaften,

geben dem Wind

Nachrichten mit

über Modefarben der Grünskala -

von Schweinfurt bis Moos -

Wasserpreise, Messwerte.

Uns sperren sie aus,

die Vogelfreien,

von ihrem Wissen.

Spät im März

Spat im März:

Der Abendhimmel

von sattem Lila

wie Flieder.

Prall und schwanger von Nacht.

Lampen davor,

gelb, warm und weich.

Aber am anderen Ende

des Himmels:

der Mond,

starr mit metallener Maske

und kalt.

Agadir

Der uralte Turm,

gewachsen wie Wald,

mit Moos von Geschlechtern

bepflanzt, das weich wie ein Bett

wie ein Schoß dunkel,

der uralte Turm

versank im Agadir berstender Erde.

Seit der gekreuzte Schatten-

des Geiers

über die Häupter fiel -

ausgesetzt auf

dem Gebetsteppich

der Hoffnung,

der die Klamm überdeckt,

die Wolke fürchtend,

die den Sturm anzeigt.

Elsterpfeil

Elsterpfeil -

schwarz vor beschneitem Dach,

Tangente des grauen Himmels,

der prall und zum Platzen gefüllt ist.

Gleich, gleich, wird es schneien.

Aber die Elster -

Wer schreibt die Zeile ihres Fluges nach?

Und wer die Formel der Pfeilbahn,

die das Herz des Himmels. ritzt?

Er wird sein weißes Blut verströmen

auf die samtene Trübsal.

Aber das weiße Dach,

an dem die Elster vorbei strich,

bleibt stumm.

Und unsagbar der eine Schlag,

den mein Herz tat,

als es der Elsterpfeil traf.

Sommertag

Als wäre nichts geschehen

schaut blauäugig Ferne ins Fenster,

gleiten Wolken langsam und weiß

hoch übers Land. Idylle dunkelt

für Augenblicke nur unter Schatten

schwerelos auf Straßen und Gärten,

als wäre nichts geschehen sonst

unter dem Himmel,

unter den Dächern,

unter dem Rasen.

13.8.88

Rückblick

In den Gesichtsfalten

des Abends

verstecken sich Stunden

hinter Stichwörtern.

Der Tag entzieht sich

genauer Beschreibung.

Die großen hellen Morgenstuben

füllen sich mit Dunkel.

Der Mittag verbirgt sich

hinter Bäumen und Begierden.

Eine absichtslose Handbewegung

zerteilt den Nachmittag.

Im Rückblick: Nichts mehr

ist an seinem Platz.

Vorwurf sammelt sich

abends unter der Zunge.

Der Schimmelpilz Befangenheit

überwuchert den Mund.

Der Tag behält

im Gedächtnis eine Wunde.

Jeder Abend

Jeder Abend

lässt die Perlketten der D-Zug-Fenster

durch seine blauen Finger gleiten.

Jeder Abend

legt seine Glashand kühl

auf die Dächer, dass sie frösteln.

Jeder Abend

mischt einen Tropfen Gift und Vergeblichkeit

unter die bunte Palette deiner Wünsche.

Vokabeln

Die Brücken abbrechen.

Die Schiffe verbrennen.

Einen neuen Anfang machen.

Alles zurücklassen.

In die Fremde gehen.

Segel setzen und Taue kappen.

Ein neues Leben beginnen.

Vokabeln aus dem Wörterbuch

des Traugott Halbweger .

aus Unzufried.

Mühsam maskiert

als unerfüllte Jugendträume.

Maske

Halbgeschlossene Jalousie

verwehrt den Blick

in das unaufgeräumte Zimmer Gesicht.

Requisit aus Ebenholz oder Pappe. -

In dem Spiel der lächelnden Messerwerfer

häufig aus Leder, Lachprägung und Schminke.

Manchmal gleitet ein Messer hinter das Leder,

erstickt ein Lächeln, bröckelt Schminke und

das Publikum wundert sich, dass Blut fließt.

Schleifspur des Tages

Schleifspur des Tages

im Rasen Erinnerung:

Der wohnlich eingerichtete Garten

lädt mit Sitzgruppen

zum Verweilen ein.

Der parfümierte Springbrunnen

murmelt die Litanei

der wiederholbaren Gedanken.

Das geht für ein paar Stunden gut.

Die Zeichen an der Baumrinde

zu deuten, misslingt,

weil Schnecken daran radieren.

Ein Zaun, der nicht zu übersteigen ist,

beendet die Spur. Nur der Schattenzeiger

der Sonnenuhr springt rasch darüber.

Und wenn er hinter den Planken verschwindet,

frösteln Blutbuche, Hoffnung und Ruhm.

Erben der Angst

Die Erben der Angst

tafeln an goldenen Tischen:

Gänsehaut-Pastete,

Hasenherzsuppe,

Lustlende vom Grill,

Dazu im Pokal

Kreßbronner Nackenschlag,

Spätlese.

Die Erben der Angst

essen mit zitternden Händen:

Einer, den sie nicht sehen,

hat ihnen in die Suppe gespuckt.

Einer, den sie nicht sehen,

lässt sie die Zeche zahlen.

Einer für Alle,

Alle für Einen,

Alle für Alle,

Einer für Keinen.

Die Erben der Angst

sammeln die Brosamen,

damit sie nicht vor die Hunde gehen.

Einer aber, den sie nicht sehen,

spielt auf der Hundepfeife:

Schön sind sie im Saal,

die biederen Dobermänner,

schwarzbraun wie die Haselnuss.

Sie liegen hinter den Stühlen,

Raubtiergebiss bei Fuß.

Die Erben der Angst

spielten noch eben

im Garten der Lüste

Sie nannten ihre Ausziehpuppe "Prestige"

und ihr Schaukelpferd "Autonomie".

Einer, den sie nicht sahen,

bereinigte das Vorfeld

und bat sie zu Tisch.

Die Erben der Angst

wissen nicht, wie ihnen geschieht,

wissen nicht, wie ihnen

wissen nicht, wie,

wissen nicht.

Wasserscheide
(Sauerland)

Hinter mir und nach Norden

die kalten, die raschen,

die lärmenden Quellen.

Nachdenklicher nun

geht von hier oben

der Blick vor mir her,

forscht nach verborgenen Wassern,

die in die Täler fließen

nach Süden,

wo jetzt die Augen

auf Reihen von Bergen stoßen,

blau und noch fern, vorm Horizont

ordentlich aufgebaut

in deutlichen Stufen. -

Die Mühsal der kommenden Jahre

17.3.89.

Ende März

Noch hat der Wind

freien Eintritt im Wald.

Die schwarzen Stämme wählen

das Grün der Wände

erst später,

wenn sie noch dazu kommen.

Niemand weiß, was die Magnolien

aushecken unter samtnen Kapuzen.

Grau und Weiß jagen sich schon.

Wir hoffen, dass Laub

einmal noch

unsere Fehler gnädig bedeckt.

29.3.89.

Lubko malt

Heller war der Schnee

auf den Alleen nach Kiew

und silbern am Morgen

die Birken im Rauhreif.

Ruß fiel dir

auf Augen und Bart.

Jetzt malst du dunkler

die Stämme der Buchen.

Schwermut und Grau

mischst du ins Schattenblau.

Ertastest das fremde Land

mit kleinen Pinselschritten,

Aber im Winter

stellst du die Staffelei

in die hellen Nächte,

nimmst du Erinnerung

weißweiß von der Palette.

Ländliche Gegend

Regieanweisung: Wind in den Bäumen.

Das ferne Tal, herbei gesungen aus mancherlei

Volksliedern, lockt wieder Wind und Wanderer an.

Vorbei an weißen Buschfeuern

zum Fachwerk-Schatten

der abgeklapperten Mühle.

In unromantischer Franzosenzeit

Schlupfloch namhafter Räuber.

Die Steckbriefe sind zu besichtigen:

Leihgaben für Gruseleffekte und

ausgeliehene Versatzstücke für

ein hingerichtetes Nie-kommst-du-wieder.

Reisebericht

Die grüne Weite der Landschaft,

aus der man früher Romane machte,

nimmt noch immer die Blicke gefangen.

Die sprichwörtlichen märkischen Chausseen

zeichnen einen endlosen Schwarz-Weiß-Film

aus Schattenbildern aufs Kopfsteinpflaster.

In langer Reihe pilgern Pappeln,

windumflüstert, zum Horizont

durch locker verteilte Gehölze.

Hinter dichten Baumwällen

ducken sich rote Katendächer,

sorgsam bewacht vom schwarzen Kirchturm.

Ein ehemals verwöhnter Park

träumt verschlossen und dunkel

von seiner adeligen Vergangenheit.

Grüßend tritt Herr Fontane durchs Tor,

noch immer wandernd in der Mark,

von Ribbeck vielleicht zum Stechlin.

Weltende

(Zu 50. Todestag des expressionistischen Lyrikers Jakob van Hoddis)

Dem Bürger wird der Sekt im Glase schal

und Liebesfilme reißen serienweise.

Der Massen Torschrei stockt und wird sehr leise.

Die schwarze Mode wird am Körper fahl.

Ein jähes Fieber treibt die Einkaufspreise.

Betrunkene hangen am Laternenpfahl.

Politiker erbleichen nach der Wahl.

Ein Omnibus brennt auf der Rentnerreise.

Die munteren Quellen sprudeln fleißig Gift.

Dem Läufer tropft das Blut aus beiden Ohren.

es werden keine Kinder mehr geboren.

Soldaten meutern wider die Schikanen.

Das Magma brodelt dumpf in den Vulkanen,

die Bürger hoffen, dass es sie nicht trifft.

Der späte Helmuth Dippner

Foto aus dem Jahr 2012

Unsere Träume

Die Landschaften der Träume:

Die steilen Abstürze

der Herzenswirrnis.

Die Verstrickung der Körper

in der Stadt unter dem Meer.

Kaltblütige Fische starren

mit lidlosen Augen

durch vergitterte Fenster.

Verschlossene Türen rundum.

Ach – wenn wir aufbrächen

Schlösser und Riegel,

auf und davon

mit den fliegenden Fischen.

Hin zu dem weißen Haus,

im Süden versteckt,

wo wir auf dem Hof,

die Hände verschränkt,

in Herbstlicht und Ferne blicken,

mit ruhigen Herzen, für immer.

Eure Hände
(Für Marlise und Helmut)

Du gingst mit dem Blätterfall,

Gefährtin meiner Jahre,

taumelndes Blatt, völlig gelöst.

Du bist verstummt

und das Schweigen bleibt,

wo dein Lachen war.

Aber ich höre neue Stimmen,

und Hände strecken sich,

mich aus dem Trauerdunkel zu führen.

Sie bauen meiner Seele ein Zelt,

besprechen meine Trauer mit Zaubersprüchen,

spannen ein Netz, mich aufzufangen.

Ich darf mich fallen lassen

ins dunkle Tal Erinnerung:

Die Freundeshände heben mich auf

und wenn sich alles verfinstert um mich,

finde ich doch das vertraute Licht

von der Lampe der Liebe.

3.11.98

Fallen lassen

Es gibt Tage,

an denen Schnee fällt

auf Dächer und Straßen,

auf Herzen und Hände.

Kälte breitet sich aus,

kriecht durch Fenster und Türen,

erstarrt die Erinnerung,

erstickt den Atem.

Dann ist es gut, dich zu haben,

mich fallen zu lassen

in deine offenen Arme,

in deinen warmen Schoß.

Dann ist es gut, ein Lager zu haben

nah deinem Herzen,

wo die Kälte zu Tränen taut

und Neues mit Küssen beginnt.

Dann ist es gut, in dich zu wachsen,

in deine Seele und deinen Leib,

sich fallen lassen

in ein neues Leben mit dir.

19.11.98

Deine Nähe

Die Blicke deiner Liebe

nehme ich tief in mich hinein,

lasse sie Wurzeln schlagen in meiner Seele.

Der Druck deiner Hand

teilt sich meinem Blut mit,

lässt es rascher pulsieren.

Die angelehnte Wärme

deiner Arme, deiner Brust,

nehme ich auf mit der Haut.

Deine Küsse reißen mich hin,

nur und immer bei dir zu sein.
Darum suche ich deine Nähe.

29.11.98

Paraphrase auf "Trost" von Theodor Storm

Trost

So komme, was da kommen mag!

Solang du lebest, ist es Tag.

Und geht es in die Welt hinaus,

Wo du mir bist, bin ich zu Haus.

Ich seh dein liebes Angesicht,

Ich seh die Schatten der Zukunft nicht.

Schon lange will ich

ein Trostlied schreiben

für dich, Mädchenfrau.

Wir wissen uns beide

im roten Rausch Einsamkeit,

der kommt, wann er kommen mag.

Solang du lebst

kennst du die Tage,

wo das ferne Wunschbild aufleuchtet.

Und als du in die Welt gingst,

fortschreitend in dein Leben,

fandest du zu mir nach Haus.

Jetzt hab ich dein liebes Angesicht

als Mond über mein Haus gestellt,

der in mein Alleinsein schaut.

Wie du mich anschaust

so sehe ich dich,

allein und verschlossen.

In manchen Nächten

werfen wir lange Schatten,

in anderen treten wir sie unter uns.

Wenn alles Licht der Liebe uns umhüllt,

nur Gegenwart und Einssein uns erfüllt,

sehen wir die Schatten der Zukunft nicht

31.1.1999

Lasciatemi cantare

Lass' mich singen vom leuchtenden Rom,

von hellen Himmeln und hellen Augen,

vom ständigen Rauschen der unermüdlichen Brunnen,

von ockerbraunen Fassaden im warmen Mittagslicht,

von offenen Portalen zu verschwiegenen Höfen,

von Dachgärten, hoch, der Sonne zugewandt,

von winkligen Gassen und rauschenden Straßen,

schließlich von Nächten, die groß sind

durch das Erleben einer vollendeten Liebe.

27.10.99

Glückliche Tage

(Für Siegfried Rischar nach seiner Radierung „Glückli-
che Tage" und zum 75. Geburtstag)

Zwei Münder, zwei Hände,

verflochten unterm Schutzmantel,

und ein kühlblaues Gerüst,

Stütze für zwei Körper –

Mehr scheint nicht nötig

Für die innige Vertrautheit

Glücklicher Tage.

Und doch auch Erinnerung:

Ideallandschaft aus Freiheit und Bindung

Springt auf die Leinwand Gedächtnis.

Gipfel und Wolkenstreifen.

Zufriedenheit zögert

vor den offenen Horizonten

glücklicher Tage.

22.8.1999

Die Erinnerung bleibt

(Zu einem Bild von Siegfried Rischar)

Träumendes Morgengesicht,

früh angeschwemmt

am Ufer des Tages.

Eine Hand vor den Lippen,

schamhaft und scheu,

noch vor dem Augenaufschlag.

Geborgen mit schützendem Griff,

behutsam gehoben

ins stille Erwachen.

Aus dem Dunkel Vergessen

gerettetes Licht,

befreit von Muscheln und Tang.

So wächst Erinnern,

gefundenes Bild,

hell in den Tag und es bleibt.

22. 8. 2001

Ernte

An jenem Abend,

ehe das Jahr die Vorhänge schließt,

ehe die Uhren umgestellt werden,

halten wir inne,

suchen den ersten Stern,

das Versprechen der Wiederkehr

An jenem Abend,

ehe die Bäume im Horizont verschwinden,

ist die Zeit, die Ernte einzufahren,

den schmalen Ertrag des Jahres zu wägen,

dankbar zu sein

für das Brot der stillen Gedanken

und den Wein vielfältiger Liebe.

Schatten

Deine Bilder

stehen vor mir.

Deine Worte

flüstern durch mein Gedächtnis.

Und dennoch:

Sonnenfinsternis des Herzens

wirft einen Schatten

auf dich und mich.

Bittere Worte

vergällen den Duft der Liebe.

Trauer und Schmerz

nisten im Augenhintergrund.

Schick' sie davon

mit deinem Lachen !

Hol' das Licht zurück

in deinen liebenden Blick!

11.01.2001

Wegweiser

Unterwegs ins Unbekannte:

Die Entdeckungsreise Leben.

Angewiesen auf Wegweiser,

Zeichen für Täler und Wüsten:

Ruhiges, sanftes Verstehen,

die tröstende Hand danach.

Worte gegen den Schmerz,

Besprechen und Hand auflegen.

Zuspruch aus wissender Seele,

Licht in Augen der Liebe.

Dein Bild

Dein Bild steht vor mir -

Tür des Erinnerns -

ich nehme dich wahr,

ich nehme dich auf,

mit den Augen ziehe ich dich

tief in mich hinein.

Dein Bild wirkt ein Wunder:

wenn du in mir bist,

wachse ich tief in dich hinein,

nehme ich Wohnung

in deiner Seele,

sehe das Leben, die Welt

mit deinen Augen.

Die Stillen im Lande

Dazu erzogen,

leise zu leben.

Die Ideologie

der kleinen Räder:

Leicht auszutauschen,

geräuschlos und unauffällig.

Mit der Grammatik eingetrichtert:

Das Veilchen Komma

das im Verborgenen blüht Komma

ist ein Sinnbild

der Bescheidenheit.

Später dann:

Parole "Nicht auffallen".

Beteuerungen, ja, wohlfeil

im Konjunktiv,

Bekenntnisse

auf der Zunge gewogen.

(Darf's ein bisschen weniger sein?)

Erzogen zur edle Stille

des Kristalls in der Vitrine,

knurrt selbst ihr Magen

leiser

als der von anderen.

Allegro moderato
(nach Franz Schubert)

Heiteres Fließen:

Der weiche Geigenstrom

nimmt die Fantasie mit auf die Reise.

Am Fluss entlang:

Langsame Schritte zu zweit,

Gespräche am Sommerabend.

Ruhe des Fließens:

Sie tritt über die Ufer,

trifft uns ins Herz.

Hand in Hand:

Heiter gehen wir in den Abend

und liebevoll: Allegro moderato

Lebensspuren
(Für Helmut J. Gehrig zum 75. Geburtstag)

Gefundene Formen,

erträumte Farben,

Schritte, durch Bilder gegangen,

Fußspuren und Wegweiser.

Wer sich bewegt, legt Spuren.

Zeichen und Maß.

Felsbild und Säule,

der beinerne Zierkamm,

der handgeschmiedete Nagel,

die Worte der Schrift:

Die Schlichtheit der Form überdauert.

Nur die Statisten,

die unbeweglichen Schreier,

verschwinden andenkenlos

in Regengüssen von Schweigen.

Einer aber ließ Lebensspuren zurück,

ruhig oder erregt. Gleichviel:

Er hat sich bewegt.

Gegenrede

Lies und erzähl!

Bau einen Turm aus Worten

gegen das Babel der Verwirrung,

nutzloses Automaten-Geplärr.

Brich auf den Stillstand der Hirne,

brich auf zu den Sprachinseln,

dem Steinbruch der Silben,

lies auf, was übrig geblieben

im Regen der Antennenlyrik,

nach dem Taifun geschäftigen Schwätzens

Lies und wage die Gegenrede!

Babel

1.

Nimmermüde Münder reden gegen Mauern

aus Glas. Keine Antwort. Nur

der Selbstsucht schmatzendes Geräusch,

Die jenseits der Mauer verstehen

nicht, reden jeder für sich, keiner

mit anderen in kränkelnder Sprache.

2.

Brot ist Stein und Wasser Kloake,

Stern ist nicht Stern und Blume nicht

Blume, Leere heißt Geist, Nacktheit Kleid,

In dem verfallenen Turm,

dem himmelbrechenden, machen Raubvögel

sich breit, haust der sprachlose Wind.

Stichworte

Es kann sein,

dass ein Wort dich trifft:

Anruf und Schrei.

Es kann sein,

dass es Wegweiser wird:

Richtung des Lebens verändert

Es kann sein,

dass es hell aufscheint:

Licht nach dem Schweigen.

Es kann sein,

dass ein Stichwort fällt,

das schneidend verletzt.

Immer bist du gemeint:

Tritt aus der Kulisse,

misch dich ein!

Kartenhaus

Ich greife nichts aus der Luft

Mit leichter Hand bewege keinen

Kieselstein geschweige denn Felsen

Mit Zaubersprüchen den Sternenmantel nie

Um die Schultern behutsam

Lehne ich Worte aneinander

Zum Kartenhaus von jedermann

Zu beobachten vielleicht wird einer

Bewegt weil – es stehen bleibt.

Aufmerksam leben

Wir haben keinen Grund

zufrieden zu sein. Die Mörder

haben keine Ohren. Der Großen

Uhren gehen nach. Kirchtürmen

schenkt keiner Beachtung. Regen

wäscht Rinden ab und Haut. Die Fluten

steigen um die Inseln.

Es wird kein nächstes Jahr geben

in einem neuen Jerusalem. Neunmalkluge

hamstern Fahrpläne und Landkarten

für Zimbabwe oder ein anderes

erfundenes Land. Mit Kreide

schreiben wir anderen an Mauern:

"Aufmerksam leben".

Ablasszettel

I.

Verschlissene Schwüre - :

zerfetzte Plakate

an der Herzwand.

Vergessener Zuspruch - :

geknicktes Schilfrohr

am Ufer des Adergeflechts.

Vermiedene Nähe - :

trotzige Abwehr

mit Herzen und Händen.

II.

Die Summe der Alltagsregeln -

glitzernde Oberfläche

über dumpfen Hohlräumen.

Die wenigen Augenblicke - :

lässige Kontaktsuche

mit freundlichen Wortkaskaden.

Nach dem Galopp der Jahre - :

Ablass ist zu zahlen

mit noch ungeprägter Münze.

Freiheit, schöne Partisanin

Aufrecht gehst du durch Mauern,

Freiheit, schöne Partisanin,

im Haar und Gewand noch

den Qualm der verbrannten Städte.

Verschreckt streichst du durch Straßen,

Freiheit, verachtete Bettlerin,

unbehaust vor den Portalen,

Unrast im Augenhintergrund.

Gern säßest du im heiteren Schatten

des Pflaumenbaums am Sommerabend

in langsamen Stunden mit ruhigem Atem.

Dir ist kein Lager bereitet im warmen Moos,

kein Schutz vor Erinnerung an Kerker und Flinten,

Nirgends Asyl.

Konspirativ

1.

In einer grünen Pelerine

kommst du, schüttelst

den Regen ab,

die Wasserfarben, vergänglich;

hebst das Verborgene auf,

die ohne Scheune

eingebrachte Erfahrung,

aus dem Wind geerntet.

2.

Die schöne Bewegung

der Schultern, der Haare,

abgeschaut von den Weizenfeldern

im Rottal oder anderswo.

Der Versuch, sie in Worte

zu fassen, misslingt.

Wir schneidern an

der weißen Fahne,

Belagerte, dem Hungertod nah

in der Silbenfestung,

umzingelt von Lautsprecherwagen

und Schlagzeilen.

3.

Konspirative Gespräche führen,

hinter der vorgehaltenen

Hand. Den Ausbruch wagen?

Zuerst eine Waage suchen

für das mit Mann und Maus Verlassene.

Das ist nicht, sage ich,

aufzuwiegen mit ein paar

Tropfen Blut, einem Quäntchen Hoffnung,

einer Messerspitze gestoßener Nelken,

drei Lorbeerblättern. Es gibt

keine erprobten Rezepte für morgen.

Konspirativ 2

Komm aus dem Regen, verschließ deine Tür!

Blick nicht den Wolken nach, grau

und schmerzend die Farbe der Niederlagen.

Schau auf die Waage! Aus der Balance das Land.

Schrei, dass die Elenden es hören:

Anders, ihr Leute, verteilt die Gewichte!

Konspirativ ist die Stunde hinter

der Regenwand. Wolkenbruch walzte

die Felder platt, raubte den Lebensertrag.

Uns ist geboten, den Zauberspruch

aufzuspüren, der die Verzweiflung

verwandelt in lichtblaue Lieder.

Was draußen vorgeht

Die vertraute Architektur

dunkler Hölzer, in Jahren gealtert.

Schweigende Bücher, Rücken an Rücken.

Gardinenweiß vor der Blumenbank. -

Plötzlich flackernd erhellt

von Fragen und Fackeln.

Deine Scheuklappen fallen ab,

wenn du spürst: Der Schuss

durch das Fenster galt dir.

Schüsse im Herbst

und berstende Wolken:

Was draußen vorgeht, geht dich an.

Rostfreie Aasfresser

nisten in den Vorstädten,

verwöhnt durch Schonzeiten.

Der Nussbaum trägt keine Früchte mehr.

Du findest tote Vögel im Gras.

Meisen zuerst, dann Buchfinken und Stare.

Unmerklich ändert sich das Klima:

Es wächst kein Gras mehr

über die Dinge.

Wen es angeht

Quecksilber verpacken sie diskret

in Dorschleber und

ihre lautstarke Wohltätigkeit

aufwendig in Edelplastik.

Eine einfache Arbeit

wie das Wegschauen,

eine Allee von Rücken bilden,

Schonzeit anordnen für Geier.

Das Schweigen zu brechen

ist eine andere Arbeit,

vergleichbar etwa dem Versuch,

ein Feuer zu entzünden

in der Antarktis

oder die Hirne zu öffnen

für die einfache Dimension

der Vernunft.

Lautlose Veränderung

Man sieht keine Blaumeisen mehr,

auch Sprosser sind selten. Und Worte

schließen den Mund für immer.

Wer sagt noch behutsam?

Niemand hält fest

die dunklen Sätze, Erfahrung

und Wissen. Die Eltern

nehmen sie mit untern Schnee.

Mit den Kindern sterben

Die ernsthaften Spiele aus, Springseil

Und Hüpfkasten, tanzende Kreisel

auf den Strassen.

Dort beobachtet man,

dass über Gesprächen, gleichgültig

und ernst, Atemluft steht,

weiß, mitten im Sommer.

Die Wetterstationen melden

Lautlose Veränderung: Regelmäßig

Steigt Jahr für Jahr

Die Durchschnittstemperatur.

Blindekuh

Dem Wanderer fallen die Stiefel

von den Füßen. Das Moos

stirbt unter seinem Schritt.

Der Regenbogen ist heruntergekommen,

schillert in trüben Pfützen. Blindekuh

ist ein beliebtes Gesellschaftsspiel.

Bekenntnisse und Stichworte fliehen

mit den rasch eilenden Rossen

der hundertsten Sure.

Die weiße Stimme des Windes

verbreitet Parolen: Raubvögel

wechseln die Reviere.

Eines Tages werden hier Bienen hausen

Wohnlandschaft mit Figuren,

gelehnt an Luft, wie

an Hohlkörper aus Milchglas.

Splendid Isolation.

Das unverbindliche Reizklima

und die Lautstärke des Lachens

sind von Hand regulierbar.

Die Decken schlucken

vorfabrizierte Gesprächselemente.

Einige Figuren tragen ihre Köpfe

in modischer Stromlinienform.

Noch fallen sie auf.

Eines Tages werden hier

Bienen hausen oder Sprotten,

nützliche Wesen,

wertfrei und sprachlos.

(für Anton Andreas Guha)

Träume der Füchse

Nur ein Hauch von Schnee

wirbelt vorm Wind

über die Straße.

Wir werfen

unser Unstetes voraus.

Träume der Füchse

mischen sich drunter:

Finten und Flucht,

Angriff und Angst.

Es sind unsere Träume.

ihr Füchse, flüchtig erstarrt

in einem Hauch von Schnee.

Erzähl es den Wölfen

Wir haben geirrt:

Wölfe sind handzahm,

nicht Feinde des Menschen,

vielmehr geeignet als Haustier.

Die Sprache muss umlernen.

Wolfsmilch und Wolfsrachen

verlieren den hämischen Klang

von Gift und Galle.

Die Altphilologen bleiben

im Unrecht sitzen.

Homo homini lupus non est.

Schwieriger Austausch:

Erzähl es den Wölfen!

Lade sie ein,

sich ans Feuer zu legen.

Sie haben nach allem

Die Wärme verdient.

Befindlichkeit

Wege in der Dämmerung.

Langsame Stunden.

Das leise Rauschen des Abends.

Worte von weither.

Satzfetzen und Nebelschwaden

vorbei und vorüber.

In Gedanken wendest du die Sanduhr,

schaust, wie die Zeit verrinnt,

fragst dich, was bleibt?

Fußspuren und Erinnerungsbilder

die Narben der Jahre,

vielleicht der Nachhall einiger Verse,

Mein Tag

Ehe die Abschiede beginnen

und die kleinen, alltäglichen Tode;

ehe die Zellen sterben und das Salz

in den Augenwinkeln trocknet;

ehe die Schmetterlinge die Flügel schließen

und die Zeit der Dürre beginnt;

ehe der Wind den Duft der Haut stiehlt

und die Spuren verwehen;

ehe das Dunkel wächst

und die heimlichen Abschiede beginnen -

will ich dich festhalten, mein Tag,

und mit Worten binden.

Alltag

Der Morgen wirft eine Handvoll Tauben

und preiswerte Vorsätze in die Luft.

Der Mittag verbirgt sein Licht

hinter einer Fontäne von Unrast.

Am Abend sind Versprechen und Vogelflug

verschlungen vom eilfertigen Alltag.

Die Nacht verriegelt das Gewissen,

legt die Münze Befangenheit unter die Zunge.

Nachtgedanken

Abends fällt der Tag

von den Bäumen.

Mondene Schleifspur im Gras.

Das unreife, fahle Grün

und das nur ungefähr Gelungene

sind vom Dunkel verschlungen.

Ferne Rufe verhallen,

die Lichter der Nachbarn

verlöschen nach und nach.

Verluste scheinen geringer

unter der Lampe, entzündet

von der Hand der Liebe.

Nicht programmiert

So frei sein, die Karten

zu mischen an einem Abend

im Sommer bei richtigem Klima.

Mit Misserfolg rechnen,

lachend die Chance vertun

des Münzwurfs: Zahl oder Krone.

Auf seinem Recht beharren

Steine über den Strom

Springen zu lassen, nicht programmiert.

Die ausgemusterte Schönheit rühmen

Aus warmen Fleisch und Blut

In einer mund gesprochenen Sprache.

Vorsätze

Der Nachtregen streicht übers Land,

wäscht Zeichen und Vorsätze weg.

Die Auguren haben das Nachsehen.

Wir überlassen den fliegenden Fischen

Die Stadt unter dem Meer

Und die heiligen Berge Chinas

Dem Sonnenaufgang.

Die heiß ersehnte Karawane

Wird ohne uns Timbuktu erreichen.

Am Morgen entdecken wir

Den haarfeinen Riss

In der Zimmerdecke,

Der unser Gestern

Vom Heute trennt.

Alter jüdischer Friedhof

Längst keine Fußspuren mehr.

Zwischen den Gräbern

Ohne Namen blüht Kraut.

Schatten verwachsen sich

Moos tastet langsam

die Schriftzeichen ab.

Wir wissen zu wenig,

einzig gewohnt zu lesen

von links nach rechts.

Fließt Weissagung etwa

Aus hängenden Zweigen?

Trost aus zurückgelassenem Stein?

Einer, so sagt die Schrift,

wird schicken den Wind,

der die Tränen abwäscht.

Unter wachsenden Mond

Noch wächst der Mond überm Dach.

Unruhe kommt mit dem Nahtwind. Stimmen

Und Frost dringen ein durch die Türen.

Schritte gehen ums Haus ohne Spur.

Noch wächst der Mond überm Dach.

Ich sammle Ruhe in meinen Händen,

Zärtlichkeit auf der Zunge und Trost.

Ich sammle Reisig im Unterholz der Gedanken,

ein Feuer anzünden, ehe Angst sich einnistet

und Kälte zwischen uns, bleich und für immer.

Schwalben

Die Schwalben trugen den Sommer

aus dem Land. Hieroglyphen

des Flugplans ritzten sie

in den Himmel. —

Nicht zu lesen für unsere Augen. -

Sie vertrauen der Harmonie

der Sphären, folgen

der weißen Stimme des Windes. -

Nicht zu hören für unsere Ohren. -

Arm sind wir geworden.

Trunken vor Unrast,

dürstender an versiegten Quellen,

blicken wir Schwalben nach,

neidvoll, mit Augen voll Salz,

Rauch, Nacht und Nebel.

Wanderung

Auf nacktem Fels, auf Partisanenpfad,

kommst du im Mittagslicht herabgestiegen.

Die Sonne sticht dem Stein die Augen aus.

Du, selbst geblendet, taumelst über Blindem.

Im Steindorf, das der Hunde Schlaf umstellt,

klopfst du vergebens an die bleichen Türen.

Du hörst der dumpfen Kühe Ketten klirren

Und ahnst die Augen hinter den Gardinen.

Das Leben hat sich von dir abgewandt,

auf seinem Rücken Moos und dürre Flechten.

Du stolperst, deckst die Augen mit der Hand

Und suchst ein Dach mit einem Streifen Schatten.

Im letzten Haus entdeckst du einen Mann,

der scheinbar leise mit den Ziegen redet.

Er bietet dunkles Brot und Milch dir an,

ein Schattenlager und den Trost der Stimme.

(Im Gedenken an Peter Huchel)

Bilder einer Ausstellung

Landschaft tritt wieder hervor scheinbar

Vertrautes mit anderen Augen

gesehen. Die weiche Linie der Hügel

Verführerin, nicht mehr im Stande der Unschuld.

Lenz, der eitle Poetenfreund, wuchert

als farbloser Schwamm. Vertrockneter Bachlauf

predigt vor tauben Ähren des Sommers

Idee mit aufgeplatzten Lippen.

Missratene Früchte deckt geschäftig mit Blättern

der Herbst zu. Lawinen werden freilegen

Skelette der Rehe. Bruchstellen zeigen: nichts

geschieht ohne Verstrickung.

(Für Siegfried Rischar)

Nachruf

Die Statuen schweigen

mit stockendem Atem.

Das Leben steht plötzlich still.

Die Flöte verklingt

im dunklen Hain.

Alle vertrauten Bilder

verblassen.

Die dich lieben

verhängen die Spiegel.

Aber die Steine

werden reden von dir,

wenn ihre Zeit kommt.

(Zum Tode des Bildhauers Erwin Rager)

Herbstlektüre

Die Ona-Indianer in Feuerland,

las ich, sind ausgerottet.

Sie banden der Neugeborenen

Nabelschnüre

an Sturmvögel, schickten sie

zu ihren grünen Göttern.

Gekenterte Kinderlieder und

leuchtende Rindenboote, verbrannt.

Das verendet ohne

Schriftzeichen

wie Asseln und Würmer

unter Steinen,

Schnee, Salz und Asche.

Kein Pampagras, kein Moos

bewahrt spät im November

die Erinnerung

an die Farbe der Götter.

An der Schwelle des Jahres

Der den Bäumen

Die letzten Blätter

Abschmeichelt, Stamm und Äste

Anschwärzt, hat nicht

Das letzte Wort.

Der die Gesichter

Der Häuser grau

Färbt, Gespräche aus Zimmern

Reißt, hat nicht

Das letzte Wort.

Der das Licht

hinter den Wolken

raubt, den Atem des Windes

anhält, hat nicht

das letzte Wort.

Der uns über die Schwelle

In helle Tage

Führt, auf Wegweiser

Schreibt er sein letztes Wort,

zum Beispiel: Liebe.

Provencalische Miniaturen

Et tout ce beau pays

ne vit que par la lumiere

Alphonse Daudet

Nach Süden

Das Mittelmeer liegt

auf der Straße.

Der Zypressen Ernst

verwandelt die Phantasie.

Mimosen, verwehende Pinien,

längs des Weges.

Der Süchtigen Augentrank

in blauen Amphoren.

Mistral

    Sein hoher Ton

    fegt das Blau.

    Heißhunger der Luft.

    Ein gefräßiger Hund

    schüttelt die Beute-Bäume

    zwischen den Zähnen.

Des Baux

    Nur eine Wand,

    die trotzige Stirn,

    gegen den Wind.

    Weit zu sehen.

    Sie blieb übrig

    von den Adlern,

    als der König

    den Horst zerstörte.

    Ihr Schatten fliegt

    über heißem Land,

    Ihr Geist schwebt

    über weißen Trümmern,

Camargue

> Die flirrende Luft
>
> über heißem Sand.
>
> Spuren von Möwen.
>
> Pferde, Stiere, Flamingos.
>
> Die bekannten Schmuckstücke
>
> an der Kette
>
> der flachen Binnenseen.

> Aber keiner spricht
>
> vom winkenden Schilf,
>
> von gleißenden Salzbergen,
>
> von lautlos berstenden
>
> Himmeln voll Licht,
>
> aus denen allein
>
> dieses Land lebt.

Abtei Silvacane

> Gesänge der Mönche
>
> haben der Mauern
>
> helles Gelb bewahrt.
>
> Sie schweben scheinbar
>
> über romanischen Fenstern,
>
> Stein wurde Geist.

Frederi

As pourta la Prouvenco

e l'oustau dins ti bras.

Clovis Hugues

Er nannte sich

wie der Sturm,

Atem des Landes.

Sprache hob er

mit seinen Freunden

aus dem Vergessen.

"In seinen Armen

sein Elternhaus tragend

und die Provence".

Mittag in der Provence

Mit gelben Netzen

fängt der Ginster

die Sonne ein.

Lautlos stürzt Hitze

in den weißen Schlaf

der Steine.

Allgegenwärtiges Licht lässt

keinen Schatten zu. -

Etwas riecht bitter.

Zwischen den Felsen

wachsen Kräuter, mühsam

aus wenig Erde.

In Lothringen

Wald an Wald. Laubwälder vor allem,

Es ist eine Zeit zum Sehen. Die Heimat

Des Einhorns zwischen den Eichen.

Bei jedem Augenblick erwarte ich,

dass Jeanne d'Arc käme, graugewappnet,

unterwegs von Vaucouleurs nach Blois.

Vorbei und vorüber, was aufdämmert

im Augenhintergrund,

was Jeanne schon sah:

In grünen Verließen aus Angst

halten die Wälder

die Nacht gefangen.

Malta

Die Falken sind ausgestorben.

Das Vortragekreuz des Gottfried von Bouillon

lehnt unbeachtet im Kathedralenwinkel.

Die aus allen Ordensprovinzen

angereisten Statuen

schweigen weiß.

Früher könnt man sehen,

wie Geschichte geschah

zwischen ihren Atemzügen.

Malta 2

Das Licht hat die Insel

mit dem Meer gezeugt.

Man kann die Geburt

an jedem Morgen

wieder beobachten.

Auch den Ritterschlag,

der den Kalkstein adelt,

damit das Licht

darin wohnen kann.

Lachend wirft es

wilde Falken in die Luft

als Pacht.

Die aus allen Ordensprovinzen

angereisten Statuen flüstern miteinander.

Man kann beobachten, wie

Geschichte

zwischen ihren Atemzügen geschieht.

Venedig

Die abgeschminkte Serenissima,

katzenäugig, hockt

auf der Rialtobrücke,

reckt die bettelnde Hand,

hebt die milchleere Brust

aus der Bluse, gibt sie

dem plärrenden Kind.

Gaffer schauen auf Fleisch

wie nach der Ca' d' Oro.

Wirft einer Geld

in die krallige Hand

der jammernden Serenissima,

in die toten Kanäle,

die abgeschminkten Paläste,

das zottige Haar,

in dem keiner,

auch keine Sonne mehr

"ein Gold bereitet,

aller Alchemie erlauchten

Ausgang..."

Wind in den Bäumen

Wind in den Bäumen,

Flüstern aus der Tiefe,

sanfter, tröstender Geist,

der sich noch im Schweigen offenbart.

Wind in den Bäumen,

verschlüsselte Abendtexte,

Regieanweisung für den Auftritt der Nacht.

Sie wächst aus dem Horizont,

fordert die geborgte Zeit ein.

Mit unseren Augen

Das Tageslicht umrundet

das alte Gemäuer der Stadt.

Wir lagern auf unseren Fellen

im Mauerschatten.

Die Luft trägt ein Tanzlied herbei,

Flöte und Laute, schmal und lavendelblau.

Wir sehen mit unseren Augen,

was niemand sonst sieht:

Wie der Wind sich aufmacht,

herbeiweht, vorübergeht,

mit nichts als einem Tanzlied

und dem Winken in den Lavendelbüschen.

Aus einem August

Nach dem verdorbenen Sommer

wirft der Mittag heute

seine preiswerten Lerchen in die Luft,

bietet mit offenen Armen

Weitblick an über Täler und Hügel.

Die Knotenschrift der Apfelbäume,

grüne Zeile zwischen Weizenäckern,

verheißt eine gute Ernte.

Wolkenbänke rücken dem Licht auf den Leib,

Sicherheit ist nicht zugesagt.

Der Falke rüttelt über der Lichtung.

Oktobermorgen

Heller Himmel, lichtdurchlässig

und kühl, in der Luft

eine Spur von Säure -

wie damals in Rom,

Kleingeld in der Jackentasche

und absichtslose Erfahrung sammelnd,

als wir die Katzen zählten

am Augustus-Mausoleum,

die in der Sonne lagen,

herrenfrei,

und wir uns lange Zeit umwandten

nach den Flecken von Licht

in ihrem Fell.

Piemontesische Notizen

Das Land um den Lago Maggiore altert nicht.

Der See ist sein nimmermüder Lehrmeister der Gelassenheit.

Gärten und Giebel lernen von ihm das Überleben.

Ein heimlicher Pakt um den Preis eines Spiegelbildes.

Die nahen Hänge bieten ihre grünen Hände an, um es
zu halten.

Der Wind singt am Morgen die Botschaft vom Einverständnis der Alpen.

In den Gärten am See antwortet ein Cello.

unsichtbar, das die Luft zum Schwingen bringt im
Rhythmus des Blutes.

Lago Maggiore

Der See hat

einen langen Atem.

Kurzatmig ist

hier das Jahr:

Rosen verblühen

schon Anfang Juni.

Nur der See

tut seine langen Züge.

Manchmal trifft er die Ufermauer

nur wie ein Hauch.

An anderen Tagen

keucht er gegen den Wind an,

brüllt er

aus vollen Lungen.

Und raunt am Abend

die Ufer in Schlaf

mit Geschichten

so alt wie die Eiszeit.

Stresa

Stresa - eine Rosenkranzkette

aus Hotelnamen,

unterbrochen nur

von der nichtssagenden Kirche San Ambrogio.

Der Garten der Herzogsvilla,

eine schlecht gemalte Kulisse

für Liebhabertheater.

Sommergäste spielen

ihre Rollen im Vorübergehen.

Zwischen Palmen und Rosen

der Strandpromenade

skandieren sie die ausgeliehenen Tage.

Völlig zugewandt

dem Borromäischen Golf

und den Inseln,

bleibt die Stadt

für sie im Rücken.

Ein Hinterland

aus heißen Gassen

und bröckelndem Putz.

Gelegentliche Expeditionen

Entdeckend, wie das wirkliche Leben

sich ihnen verschließt

hinter braunen Fensterläden.

Isola Bella

Isola Bella - Mond

für Ebbe und Flut

der Touristen,

die kommen

und gehen

und geschwätzigen Wellen.

Beflissene Neugier

nach Schiffsfahrplan.

Wohlfeiles Kleinod

mit weißen Pfauen

und Muscheltand.

Man wird gebeten,

den vielbesungenen Staub

der Jahrhunderte

nicht zu berühren.

Wichtiger als das Chorhemd

des Heiligen Karl Borromäus

ist mir der Mann

in der blauen Jacke, der

mit dem Ernst eines Volksredners

Ankunft und Abfahrt

der Schiffe ausruft,

das Tau auffängt,

den Steg an Bord schiebt,

mit der Mannschaft schwatzt,

die Ketten öffnet

für jene, die kommen

und jene, die gehen.

Jedem Schiff blickt er nach,

das seine Handgriffe mitnimmt.

Isola Pescatore

Die Fischerinsel

krümmt ihren Rücken.

Die Kirchturmnadel von San Vittore,

das rote Hotel, die hellen Häuser

mit blauen und braunen Läden -

der klassische Blick

von der Isola Bella trügt.

In der Nähe

ist alles geringer.

Gaststätten strecken Hände

nach Fremden aus.

Keine Speisekarte

bietet Romantik an.

Bescheidener als

auf der Nachbarinsel

die Auswahl der Händler.

Die Via del Forno

ist im August

heiß wie ein Backofen.

Die Hauptgasse, lichtlos,

zu eng für drei Körper,

heißt nach Ugo Ara,

einem Musiker, vergessen

vom Alltag wie die Fischer.

Isola Madre

Die Isola Madre prahlt

mit Italiens höchster Palme,

mit Kaschmir-Zypressen

und der mächtigen Zeder des Libanon.

Das Renommee

der Borromäerfürsten:

Auf fünf Terrassen

die Pflanzen der fünf Kontinente.

Alles zu seiner Zeit.

Gelangweilte Schulklassen

überlassen das Fragen den Strebern.

Der Palast imponiert

durch seine Gelassenheit.

Die in sich ruhende

sichere Breite täuscht:

Unbewohnt

dient der Steinkasten

als Lager für Brennholz.

Tronzano

Tronzano, das Dorf gegenüber,

gelehnt an die Flanke

des Monte Borgna.

Das Licht fällt

dorthin

erst am Nachmittag.

Dann leuchten

die Dächer

über den See.

Verheißung in Rot.

Ich kenne es

nur durch das Glas

aus der Ferne.

Ich möchte die gelben Häuser,

die steinige Straße,

nah und im Licht sehen.

Etwas hält mich zurück.

Ich habe mir Tronzano aufgehoben.

Ich werde mich einfinden,

vielleicht im Herbst,

an einem leuchtenden Nachmittag.

Ehe die Wolken

aus heiterem Himmel

das Licht entwenden

und ernst machen

mit dem Abend.

Inselsommer

1.

Windoffene Einsamkeit der Dünen,

schweigende Urlandschaft.

Wehendes Grashaar, verwehter Sand,

der das Geheimnis der Krähenbeeren versiegelt.

Fasanenfüßiger Mittag

pocht an den lichtblauen Vorhang.

Kein Echo. -

Hier machte sich Leben einst

auf den Weg, Flucht

vor den Gletschern.

Hierher wird es zurückkehren.

2.

Das Gefühl für die Zeit

wächst,

wenn du in Sand greifst,

ihn durch die Hand

rinnen lässt,

spürst, wie er abnimmt,

während die Hand

nur noch Leere umgreift.

3.

Hoher Sommer.

Gespräch unter Nachbarn,

das an nichts erinnert.

Mitten am Tag

hält der Wind den Atem an.

Das jähe Schweigen der Möwen.

Silber tropft aus den Grashalmen,

Die Wurzeln saugen es

aus dem Piratenschiff

unter der Sandbank.

4.

Dünen, namenlose Windkinder,

trockene grüne Rücken, ohne Gesicht.

Die Falle der sandgelben Flanken.

Sie haben uns lange beobachtet.

Sie haben die frühen Gräber

vergraben, die Cimbernsiedlung

zerstört, auf der Wanderschaft

verharren sie jetzt,

gebändigt im Kräuterschlaf.

Wenn der Wind

pfeifen wird auf den Fingern

und sie weckt,

nehmen sie ihren Weg wieder auf,

langsam, als ob Holzräder

mahlen hinterm Ochsengespann.

Die Zeugen werden begraben.

Niemand wird sie je finden,

den Mund voll Sand.

5.

An manchen Tagen

bringen die Wolkenstaffetten

die Botschaft des Meeres.

Der Westwind buchstabiert

zögernd die großen Reden

des Sommers,

verfängt sich im sprechenden Mund

redet mit deiner Stimme.

6.

Steinsetzungen: die cimbrischen Gräber

im Skalnastal. Die Toten

vergangen, verweht mit dem Sand.

Müßig nach Spuren zu suchen,

nach Zeichen - und doch:

Welche Steine werden zeugen von uns?

Was wird bleiben von unseren Gräbern?

Wer gibt uns Speisen mit,

Honig und Brot,.

auf dem Weg ins Dunkle?

7.

Unerklärbares bleibt,

zieht uns an:

Der Schrei der Möwen,

das Geheimnis der Muscheln,

das Wandern der Dünen,

das Schweigen des Meeres.

Das Verlangen nach Wiederkehr

vergrabe ich tief im Sand,

nehme ein paar Körner mit

unter den Fingernägeln.

Das kalte Land
Eine deutsche Elegie

1.

Damals...

so beginnen fahle Geschichten

von Winter und Alter.

Kein Stoff, um die Hände

daran zu wärmen.

Zu schildern ist nämlich

die Reise ins kalte Land,

zur Rückseite des Mondes.

Wir haben es weit gebracht.

2.

Damals kamen wir an

als Reisende ohne Gepäck.

Der Blutgeruch verdampfte,

wir fanden die Luft

wieder zum Atmen.

Wir nahmen uns vor,

die leerweißen Flächen

neu zu vermessen,

neu zu beschreiben

in frühen Träumen.

Wir stampften

langsam

und Fuß

vor Fuß

das Wort

MUT

in den Schnee.

Wir legten ein Muster an

aus vielen Schritten, vielen Schuhen,

den Teppich aus Licht,

den Garten aus Zeichen.

Wir riefen die Menschen

mit ruhiger Stimme

aus ihren Höhlen,

hörten auf ihre Stimmen,

ließen sie wählen,

wozu sie geschickt.

Alle sollten für alle

die Hände rühren,

die Hirne regen.

Alle sollten sie alle

ertragen lernen.

3.

Die Kälte, das Sterben der Leiber

und Hirne,

zog sich zurück

aus den Straßen.

Viele beeilten sich schon, ihr Gestern

aus den Mänteln zu bürsten,

Staub zu Staub

und Asche zur Asche der Städte.

Die Eilfertigen dachten weiter:

Wie sie die Volte schlügen

vom Gestern ins Morgen,

vom Heute ins Nichts.

Sie haben es weit gebracht.

4.

Unschuldsminen kommen in Mode.

Biedere Freunde

bevölkern die Litfaßsäulen.

Modische Änderungsschneider

fummeln am alten Stoff.

Kinder lernen das Spiel

mit schweigenden Puppen,

glasäugigen Kopfnickern.

Mundbinden werden angeboten

in staatstragenden Farben

im kälter werdenden Land.

5.

Die Eisblumenzüchter haben Konjunktur,

die schmal schnäuzigen Zungenstecher,

die Graupe!spucker, Vorfahrt-Prinzen,

die Genickbeißer, Rückenbrecher,

die Pfenniggehirne.

Sie lieben die stehende Luft

in Einbahnstraßen

und schließen die Türen

dreimal ab.

6.

Schreibt es an Mauern,

deutlich und groß:

öffnet die Einbahnstraßen

dem Gegenwind.

Bringt die Gegensätze

zur Sprache.

Zeigt den Pfenniggehirnen

die Kehrseite der Medaille.

Zündet ein Feuer an,

lehrt die Eisblumen das Laufen

und wärmt eure Worte.

Zeiträume
(Zu einem Bild von Siegfried Rischar)

Urgestein, dunkel geschichtet,

der feste Grund unserer Zeit,

die weiß wuchert ins Leere.

Grau, mit Fasern und Fäden

greift Wesenloses, ungeformt,

in den offenen Raum.

Es wird sich binden

zu Körper und Geist,

wenn seine Zeit gekommen.

Es wird sich erheben

aus dem blauen Schweigen

in den wartenden Raum seiner Zeit.

22. 8. 2004

Herbst-Sonett

Auf einmal fliegt den Buchen Gelb ins Haar

und Nester werden sichtbar, brutverlassen.

Du willst die Stunden mit den Händen fassen

und zählst die Tage im vertrauten Jahr.

Sie werden kürzer, stetig und gelassen.

In Nüssen reift Ertrag, der wertvoll war.

In giftigen Beeren sammelt sich Gefahr.

Vorbei der Sommer und sein Lichterprassen.

Der Blätterfall verhängt die Wege mild,

entblößt den Himmel, ein zerbrochnes Bild,

im Westen, wo das frühe Dunkel fällt.

Du gehst versonnen durch verletzte Tage

und suchst die Antwort auf die stumme Frage,

wer deinen Weg in sicheren Händen hält.

Verlassener Garten

Ungeerntete Äpfel hängen im Baum,

rot glühende Signale der Verlassenheit.

Moos bedeckt Boden und Stamm.

Faulende Birnen liegen im Gras,

Nässe bedeckt den vergessenen Tisch,

gelbe Rispen verlieren Regentropfen.

Wildwuchernde Sträucher verwehren den Zugang

zum Garten, den keiner mehr sucht.

Nur der Wind streift oberflächlich die Blätter.

Praller Überfluss schweigt dich an.

Im stillen Vorübergehen fühlst du:

Verlassensein lässt alles Leben verstummen.

Lebenslauf

Helmuth Dippner

alias Karl Tischendörfer

Geboren: 27. 3. 1925 in Mülsen Sankt Micheln (Sachsen)

Aufgewachsen in Köln

- 1944 Notabitur

- 1944–1945 Kriegseinsatz (Artillerie) in den Niederlanden und in Italien

- 1946–1978 Redakteur an Tageszeitungen

       Isar–Post (Landshut)

       Main–Echo (Aschaffenburg)

       Frankfurter Rundschau (Frankfurt/Main)

- 1978–1989 Pressesprecher der Kassenärztlichen Vereinigung Hessen

- 1989–1996 Studium der Geschichte und Literaturgeschichte an der Universität Frankfurt/Main. Abschluss mit Magister Examen.

Seit 1970 Veröffentlichungen von Lyrik und Prosa in Zeitungen und Anthologien

Gestorben: 10. 1. 2020 in Aschaffenburg

Weitere Werke

Karl Tischendörfer: Die Schlange im Brunnen. In: PROSA heute – eine Anthologie. Hrsg.: Gottfried Edel und Jürgen Kross, Verlag Günther Neske Pfullingen, 1975.

Karl Tischendörfer: Zwischenhoch. Gedichte. Verlag Günther Neske Pfullingen,1976.

Helmuth Dippner: F. Bruno Supernok. Der Maler. Ohne Verlagsangabe, 1981.

Helmuth Dippner: Helmut J. Gehrig – Retrospektive zum 60. Geburtstag. Verlag Jesuitenkirche der Stadt Aschaffenburg, 1986.

Helmuth Dippner: Sigrid Mahncke. Retrospektive zum 60. Geburtstag in der Jesuitenkirche Aschaffenburg vom 6. bis 27. Januar 1987. Malerei und Zeichnungen. Verlag Jesuitenkirche der Stadt Aschaffenburg 1987.

Helmuth Dippner: Christliche Mythen in Clemens Brentanos Märchen. In: Mitteilungen aus dem Stadt- und Stiftsarchiv Aschaffenburg, Bd.3, Helft 8, 477–483, 1992.

Helmuth Dippner: Neun Gedichte. Aus dem Sammelband: Schreiben – unser Leben. Anthologie. Hrsg.: Günter Stahl. Arnim Otto Verlag Offenbach, 1997.

Helmuth Dippner: Erzählt es den Wölfen. Gedichte. edition eigensinn Band 40, Verlag Edeltraut Gallinge Mainaschaff, 2001.

Helmuth Dippner: Die Leute von der Wilhelmstraße. Kurzgeschichten. edition eigensinn Band 80, Verlag Edeltraut Gallinge Mainaschaff, 2003.